꿈을 이루는 기적의 이야기

하나님을 바라보며 '바라봄의 법칙'에 따라 살아온 주대준 박사를 보면 세상은 아직 살만한 가치가 있는 것이구나, 하는 것을 느낍니다. 우리 인간들은 모두 자신의 삶이 뜨고 싶고 날고 싶고 비상하고 싶어 합니다. 그러나 많은 사람들이 쉽게 포기하고 좌절하고 맙니다. 그런데 주대준 박사는 날고 싶은 욕망, 날아가야겠다는 걸 포기한 적이 없는 분인 것 같습니다.

가끔 어떤 사람에게 무엇을 하라고 지시하면 "그런데요, 그건 아마 안 될 거예요"라고 해보지도 않고 먼저 대답합니다. 그럴 때마다 '될 일도 안 되겠다'라고 속으로 생각하며 '그래도 한 번 해보라'고 또 말하게 됩니다. 세상살이는 사실 되는 일보다 안 되는 일이 더 많습니다. 그러나 긍정적으로 세상을 향해 나아갈 때 자신의 삶을 성취해 나갈 수 있습니다. 주 박사도 비전을 가지고 하나님을 바라보며 기도하면 내 안에 있던 '안 된다', '어렵다', '불가능하다', '포기하고 싶다'는 부정적인 생각들이 달아났다고 말하고 있습니다.

중국 고사에, 말하기에 따라 목숨을 잃기도 하고 상을 타기도 한다는 말이 있습니다. 그리고 성경에서 씨를 뿌릴 때 좋은 땅에 떨어지는 것도 있고, 덩굴에 떨어지는 것도 있고, 새가 먹는 것도 있는데, 어떤 씨는 좋은 땅에 떨어져서 100배, 어떤 것은 60배, 어떤 것은 30배의 결실을 맺었다고 합니다. "말이 씨앗이다"라는 하나님의 말씀에 따라 바라봄의 원칙을 세워서 자신의 세계를 구축해 나간 분이 주 박사라고 생각합니다.

주 박사가 포기하지 않고 이렇게 전진할 수 있었던 것은 단 하나의 말씀. 그 말씀 가운데 있었던 어린 시절 거제도에서 만난 '주 씨 아저씨'의 힘이었다고 『바라봄의 법칙』에서 밝히고 있습니다. "주 예수를 믿으라 그리하면 너와 네 집이 구원을 얻으리라는 성경 문구를 본 이후, 그는 예수님을 자신과 성(姓)이 같은 주 씨인 줄 알고 믿기 시작하여, 인생의 주인이요 구원자로 늘 바라보게 되었다고 합니다. 지나쳐 버릴 수도 있었던 그 말씀을 가지고 지켜온 주 박사의 삶은 요셉처럼 꿈을 이루는 것이었다고 봅니다.

인간은 혼자 힘으로는 방향을 제대로 잡을 수 없습니다. 누군가와 동행하는 삶이 될 때 포기하지 않고 나아갈 수 있습니다. 이제 자신의 비전을, 그 꿈을 이루는 기적을, 이 책을 통해 많은 분들이 주 박사와 함께 체험하시기 바랍니다.

이어령_전 중앙일보 고문, 초대 문화부 장관

비전의 방향을 제시하는 도구

주대준 부총장님을 알게 되고, 함께 일할 수 있는 것은 하나님께서 저와 카이스트에 주신 큰 선물이 아닐 수 없습니다.

우리의 첫 만남은 2007년 참여정부 시절에 회의 참석 차 청와대를 방문했을 때로 거슬러 올라갑니다. 당시 청와대 경호차장을 맡아 행사를 진두지휘하고 있던 주대준 부총장님은 짧은 만남이었음에도 제게 잊히지 않는 강렬한 인상을 남겼습니다. '카이스트 졸업생이자 학부모'라고 스스로를 소개하던 주 부총장님의 매우 절제된 언어와 행동 속에서 넘치는 열정과 카리스마가 뿜어져 나왔던 것입니다. 첫 만남 후 얼마 지나지 않아 저는 『바라봄의 법칙』을 읽게 되었습니다. 그 책을 통해 저는 전산직능 공직자로서의 한계를 극복하고 청와대 경호차장에까지 이르렀던 주대준 경호차장님을 만났고, 또한 전능하신 하나님의 인도하심 속에서 '국가와 인류 발전과 복음 전도의 미션을 갖춘 사명자'로서의 주대준 장로님을 만날 수 있었습니다. 최고의 실력을 갖춘 전문성과 풍부한 경험, 그 누구보다 긍정적이고 열정적으로 삶에 임하는 저자의 삶이 눈으로 보이는 듯해서 절로 깊은 존경심이 우러나오더군요.

그래서 저는 지난 2010년 1월, 33년간의 공직생활을 마치고 카이스트 전산학과 교수로 부임한 주대준 교수님께 학교 발전을 위해 카이스트의 대외부총장으로 헌신해 주실 것을 간청 드렸습니다. 이 분을 카이스트에 모시는 것은 정말 어려운 일이었지만, 돌이켜 생각해 봐도 단연 최고의 결정이었다고 확신합니다. 왜냐하면 주 부총장님이 카이스트 대외부총장 보직을 맡은 이후, 카이스트에는 전에 없던 새로운 바람이 불었기 때문입니다.

카이스트 설립 이래 최초로 '정보보호대학원'과 '사이버보안연구센터'를 설립했고, 짧은 기간에 세계적인 기술을 개발하여 까다롭기로 유명한 일본에 (60억 원) 수출하는 등 카이스트를 사이버보안 분야에서 최고로 만들어 주셨습니다. 주 부총장님의 시대를 앞서가는 혜안과 불가능을 가능케 하는 추진력은 카이스트 전 구성원들에게 큰 도전을 불어넣어 주고도 남았습니다.

주 부총장님은 비단 성과적인 면에서의 바람만을 일으킨 것이 아닙니다. 원대하고 명확한 비전을 제시하는 리더십으로 조직에 역동적인 활력을 불어 넣음은 물론, 조직 구성원 각자의 잠재력을 최대한 발휘하게 함으로써 개개인의 발전을 이루게 하였습니다. 조직의 성장을 촉발시키는 탁월한 능력이 이 분에게선 끊임없이 흘러나왔다고 할 수 있습니다. 지금도 주 부총장님은 카이스트가 세계에서 가장 탁월한 연구중심 대학으로 발돋움하기 위해 무엇을 해야 하는지 명확한 비전을 제시하는 역할을 담당하고 있습니다. 그런데 저는 주대준 부총장님의 이러한 외적인 능력보다 이 분을 더 크게 평가하는 점이 있습니다. 정부, 국회, 산업체, 학계, 종교계 등 이루 셀 수 없을 만큼 넓은 인간관계를 형성하며 모두가 그를 존경할 수밖에 없게 만드는 이유가 무엇인지를 지난 2년 동안 곁에서 확인했기 때문입니다.

그것은 그의 강력한 리더십 저변에 깔려 있는 겸손함과 탁월한 소통능력이었습니다. 또한 새로운 것을 끊임없이 배우려는 학습자의 태도와 긍정적이고 유연한 사고를 통해 항상 타인을 이해하려는 마음은 타의 추종을 불허하는 듯합니다.

이렇듯 안팎으로 그 삶이 검증된 탁월한 분을 알게 되고, 함께 일할 수 있게 된 것은 저에겐 가슴 뛰도록 행복한 일임을 이 지면을 통해 밝히고 싶습니다.

그런 면에서 주대준 부총장님의 두 번째 삶의 고백록인 『바라봄의 기적』 출판은 제게도 큰 기쁨입니다. 제게 그랬듯이, 이 책은 공공정책 분야는 물론 국가와 인류 발전에 기여하려는 큰 뜻을 갖고 계신 분들께 깊은 영감을 줄 책이라 확신합니다. 또한 인생의 새로운 도전과 비전을 찾고 있는 이 땅의 많은 젊은이들에게 방향을 제시해줄 훌륭한 도구가 될 것입니다.

서남표_ 전 KAIST 총장

절대긍정과 희망의 복음

하나님께서는 지금도 우리 삶 가운데 기적을 행하십니다. 우리가 약속의 말씀을 붙잡고 거룩한 꿈을 꾸며 오직 믿음으로 하나님만을 바라보고 나아갈 때 우리 삶에 기적이 일어납니다. 우리는 성경에서 하나님께서 '바라봄의 법칙'을 통하여 기적을 나타내신 내용들을 발견하게 됩니다. 하나님께서는 자녀가 없는 아브라함에게 하늘의 별들을 바라보며 꿈을 꾸게 하셨습니다(창 15:5). 아브라함은 나이가 들어 노년이 되기까지 자녀가 없었지만, 그때부터 믿음을 가지고 날마다 밤하늘의 뭇별을 바라보며 자식을 갖는 꿈을 꾼 결과, 하나님의 은혜로 백세가 되어 아들을 낳는 기적을 체험하게 되었습니다.

오늘날에도 믿음을 가지고 바라봄의 법칙을 활용하면 절망을 희망으로 바꿀 수 있습니다. 우리나라는 일제 강점기와 6·25전쟁의 시련을 겪으면서 나라가 황폐해지고 극한 절망적 상황에 처해 있었습니다. 그러나 그리스도인들이 이 같은 절망적 상황에서도 절대긍정의 믿음으로 도전해 나아감으로 이 땅에 풍성한 주님의 은혜가 임하기 시작했습니다. 우리나라는 이제 다른 나라로부터 원조를 받는 나라에서 원조를 주는 나라가 된 최초의 국가로 도약하게 되었습니다.

그동안 많은 교회 지도자들이 말씀을 통하여 절대긍정의 신앙을 전함으로 성도들에게 꿈과 희망을 심어주었는데, 그중에 특별히 조용기 목사님은 4차원의 영성과 바라봄의 법칙을 통하여 성도들에게 깊은 영향을 끼쳤습니다.

우리 사회의 중심부에서 바로 이러한 절대긍정과 희망의 복음을 적용하고 실현하고 계시는 주대준 장로님의 두 번째 책이 나온 것을 대단히 기쁘게 생각합니다. 이 책을 읽으면서 하나님께서 주대준 장로님의 삶 가운데 기적을 행하시기 위해 먼저 장로님의 마음속에 꿈과 희망을 심어 주시고, 그것을 바라보게 하셨음을 확인할 수 있습니다. 주 장로님의 두 번째 책인 『바라봄의 기적』 출간을 다시 한 번 축하드리며, 장로님의 삶 속에서 거듭해서 기적으로 역사하신 좋으신 하나님께서 이 책을 읽는 모든 분들에게, 특히 이 시대의 젊은이들에게 큰 도전과 꿈을 주기를 기원합니다.

이영훈_여의도순복음교회 당회장

스펙과 스토리의 융합을 이룬 기적의 사람

스펙이라는 말이 젊은이들에게 큰 관심사입니다. 청년 실업과 경제난으로 인해 사회 진출이 어려운 청년들이 대학 졸업장 외에도 토익 시험과 자격증 취득, 화려한 경력 등 소위 말해서 스펙을 쌓으려고 합니다. 그 탁월한 스펙을 통하여 성공하려고 합니다. 그런데 최근에는 스펙보다 강한 것이 스토리라고 말합니다. 아무리 화려한 스펙을 가진 사람이라 할지라도, 눈물과 감동의 스토리를 가진 사람을 이길 수 없다는 것입니다. 스토리는 감동을 낳고 감동은 리더십을 창조하기 때문입니다.

저는 주대준 장로님이 청와대에 근무하실 때 그를 '청와대의 요셉'이라고 불렀습니다. 그는 1970년대 프로그래머로 시작한 IT 전문가로 청와대를 IT밸리로 만든 꿈의 사람이요, 경호시스템을 과학화하고 청와대 정보통신시스템을 첨단화 시킨 공로로 청와대 국정지휘통신망을 총괄하는 정보통신처장으로 승진했고, 초대 행정본부장을 거쳐 대통령 경호차장에 오른 꿈과 기적의 사람입니다.

뿐만 아니라 정상 너머의 정상을 바라보며 끊임없이 배움의 길을 걸어가서 지금은 카이스트 부총장으로서 새로운 꿈의 영토를 개척하고 있습니다. 얼마나 화려한 스펙입니까? 그러나 그에게는 그 화려한 스펙보다 더 강한 스토리가 있습니다.

지리산 산골짜기 소년에서 청와대의 요셉이 되기까지, 그리고 대한민국 최고 명문 대학의 부총장에 오르기까지 '바라봄의 법칙'을 붙잡고 걸어온 꿈과 기적의 이야기는 그 어떤 스펙보다 감동을 줍니다. 그는 스펙과 스토리의 융합을 이룬 이 시대의 요셉이요, 기적의 사람입니다.

그런데 그가 이번에 다시 『바라봄의 기적』이라는 감동의 책을 출판했습니다. 이 책은 딱딱한 이론서가 아니라 마치 드라마 한 편을 보듯이 재미있고 감동적인 이야기를 통해서 기적의 원리를 설명합니다. 재미있는 에피소드들을 읽으며 미소를 짓고 웃다가 또 다시 어느새 눈물을 촉촉하게 적시기도 하고 믿음의 결단과 용기 앞에 아멘, 아멘 하며 공감하게 됩니다. 무엇보다 모든 초점이 하나님께 맞추어져 있습니다. 오직 그분께 모든 초점을 맞출 때 고난의 산과 골짜기가 평지가 되고 꿈이 실현되는 기적의 이야기를 소개합니다.

특별히 기적은 하나님의 영역이기 때문에 내가 죽어야 기적이 일어난다고 역설합니다. 그 깊은 믿음의 통찰력을 얻기까지 주 장로님이 걸어왔을 그 고난과 시련의 골짜기가 눈앞에 보이는 것 같아 더 큰 울림으로 다가옵니다.

그는 인생의 고난과 역경의 순간마다 자신을 죽이고 오직 하나님만 바라보며 달려온 꿈과 기적의 사람입니다. 패배와 불가능의 운명을 거부하고 오직 하나님을 바라봄으로 기적을 이룬 불굴의 의지와 희망의 사람입니다. 이제 그가 자신의 머리와 이성이 아니라 가슴과 영혼으로 깨달은 기적의 원리가 이 시대 절망과 도탄에 빠진 많은 이들에게 새로운 꿈과 희망을 심어주고, 마침내 또 다른 기적을 이루는 꿈의 씨앗이 될 수 있기를 기대합니다.

소강석_새에덴교회 담임목사, 시인

바라봄의 기적

미래사CROSS

바라봄의 기적

주대준 지음

바라봄의 기적

발행일 2012년 3월 10일 초판 1쇄 (마음과생각 간)
       2013년 11월 10일 초판 9쇄
       2019년 6월 20일 개정판 1쇄

지은이 주대준
발행인 고영래
발행처 미래사CROSS

주소 서울시 마포구 신수로 60, 2층
전화 (02)773-5680
팩스 (02)773-5685
이메일 miraebooks@daum.net
등록 1995년 6월 17일(제2016-000084호)

ISBN 978-89-7087-119-6 03230

© 주대준, 2019

부지런하여 게으르지 말고

열심을 품고 주를 섬기라

로마서 12장 11절

기적의 역사를 써내려가다

청와대 생활은 새벽부터 밤까지 긴장의 연속입니다. 이러한 긴장 속에서도 주대준 장로는 성실하고 뛰어난 근무 능력을 보여주었고, 업무가 끝난 뒤에도 끊임없는 연구와 배움의 시간을 이어나갔습니다. 이러한 노력의 결과로 청와대를 퇴직한 이후 카이스트(KAIST) 교수로 부임하였습니다. 주대준 장로는 카이스트에서도 능력을 인정받아 대외부총장으로 발탁되어 기적의 역사를 써 내려가고 있습니다.

『바라봄의 기적』은 주대준 장로의 하나님에 대한 감사와 사랑에 대한 진솔한 고백입니다. 이 책을 통해 주대준 장로가 만난 예수님과 예수님이 행하신 기적을 체험하시기를 기도합니다.

이희호 장로, 김대중평화센터 이사장

청와대를 지킨 영적 파수꾼

나의 공직생활 33년 중 청와대에서 근무했던 20년은 하나님께서 내게 허락하신 큰 축복이었다.

나는 1989년 청와대전산실 창설 시에 프로그램개발 팀장으로 청와대 근무를 시작하여 20여 년 동안 다섯 분의 대통령을 모셨다. 청와대에 근무하면서 전산실장, 통신처장, 행정본부장을 거쳐 경호차장으로 승진하여 경호실 창설 50년 역사에 전무후무한 기적 같은 기록을 남기고 33년간의 공직생활을 마치고 2008년 정년퇴직하였다.

돌이켜 보면, 내가 청와대에 근무하게 된 것은 나의 선택이나 능력이 아니었다. 그것은 나를 향하신 하나님의 특별한 사명이 있었기 때문이었다. 그리고 그 사명은 먼저 '청와대 기독신우회'라는 이름으로 요약될 수 있다.

1991년 '청와대 기독신우회'가 창립된 이후에 하나님께서는 참으로 놀라운 일들을 수없이 보여주시며 인도하여 주셨다. 하나님의 하나님 되심을 나타내셨고, 수많은 사람들을 부르셔서 그분을 예배토록 하셨다.

나는 처음부터 그 일의 증인이요 목격자로 살면서 언젠가 기회가 되면, 청와대에서 있었던 성령의 역사와 이 나라를 향하신 하나님의 섭리를 기록으로 남겨야 한다는 부담감을 갖고 있었다. 또한 하나님께서 어떻게 작은 자 한 사람을 부르시고 택하셔서 하나님의 일을 이루어 가시는지, 부족한 나의 간증을 통해 하나님께 영광을 돌리고 싶었다.

이 책은 그런 나의 영적인 여정을 담은 기록이자, 우리가 몸담고 있는 일터에 하나님 나라가 임하는 과정이 담겨 있다. 또한 내가 하나님을 바라보며 나아갔을 때 어떤 놀라운 기적들이 나타났는지를 전하고 싶었다. 하지만 책을 다 마치고 보니 본의 아니게 너무 '나'를 드러낸 것은 아닌가 싶어 적잖이 부끄러운 마음도 들었다. 그러나 그런 부끄러운 마음을 감당할 수 있는 것은, 바로 이 책의 주인공이 전적으로 하나님이시기 때문이다. 오직 하나님 한 분만 드러나고 독자들이 그분께만 주목하여 이 책을 읽게 되기를 두렵고 떨리는 마음으로 기도한다.

또한, 책을 마무리하고 보니 제한된 지면의 한계로 인해 동역자들의 수고에 대한 감사와 노고를 일일이 표현하지 못한 것이 참으로 아쉽다. 청와대에 근무했던 지난 20여 년을 돌이켜 보면, 바쁘고 힘든 청와대 근무 중에도 현실과 타협하지 않는 신앙의 절개를 지키며 순교자적 사명감으로 근무했던 분들이 너무도 많았다. 그분들이 있었기에 청와대에 근무하는 기독 공직자들은 매일 아침 국가안보와 국정을 책임진 지도자를 위한 기도와 주간기도회, 월례예배를 드릴 수 있다.

우리나라 관료 사회의 분위기가 어떠한가. 지난 세월 고위공직자가 크리스천임을 드러내는 것은 그로 인해 진로에 상당한 불이익을 당할 수도 있다는 염려를 갖게 했었다. 더구나 청와대라는 권력의 심장부에서는 크리스천이라는 정체성을 드러내놓고 종교 활동을 하기가 더더욱 어려웠다. 만약 그런 문제로 인해 발생할 어떤 불이익도 감수하겠다는 믿음이 없으면 결코 크리스천으로서의 종교 활동을 하기가 불가능했다.

현재도 예외가 아니다. 공직 기관의 신우회 활동에 참여하는 기독 공직자들은 평균 30퍼센트에 불과하다. 나머지 70퍼센트는 크리스천이라는 사실이 드러나는 것을 꺼리거나 바쁘다는 핑계로 회색지대에 숨어있다. 그러다 보니 같이 근무하는 동료들조차도 크리스천이란 사실을 모르고 있는 실정이다.

이런 현실로 인해, 청와대 기독신우회가 창립된 6공 정부 시절에는 비서실의 일부 직원을 포함하여 대부분 경호실에 근무하는 크리스천 공직자 위주로 신우회 활동을 했다. 비서실에도 많은 크리스천 공직자가 있었지만 윗사람 눈치를 보느라 신우회 예배에 참석한다는 것은 거의 불가능한 분위기였다.

장로인 대통령님께서 취임한 문민정부 초창기에도 청와대 기독신우회 활동이 진전된 것은 전혀 없었다. 문민정부 중반기부터 청와대 근무를 시작한 김광일 비서실장 장로님과 김광석 경호실장님(당시, 안수집사)과 같은 윗분들의 참여로 신우회 활동이 활발해졌던 게 은혜 중의 은혜였다.

당시, 청와대에 근무하던 고위층 인사 중 장로였던 문종수 사정수석 비서관님도 잊을 수가 없다. 핍박과 설움이 많았던 신우회를 늘 격려해 주실 뿐더러, 바빠서 예배에 참석하지 못할 때는 특별헌금으로 신우회 활동에 큰 힘이 되어주셨기 때문이다.

또한 김광석 경호실장님은 김장환 목사님과 조용기 목사님 등 교계를 대표하는 목사님들이 신우회 초청으로 설교하러 오시는 날이면, 바쁜 업무 중에도 전반적인 신우회 예배 준비상황을 점검하는 등 매사에 세심한 관심과 정성을 보여주셨고, 신우회장이 할 몫까지 챙기시며 청와대 기독신우회가 도약하는 데 많은 힘을 쏟아주셨다.

내가 청와대 기독신우회 활동을 했던 5개 정부 중에서 특별히 '국민의 정부' 시절에 그 사역은 절정을 이루었다. 그렇게 된 배경에는 성령 체험을 하며 인생의 고비 고비를 신앙심으로 이겨내셨던 김대중 대통령님의 영향이 컸던 것 같다. 김대중 대통령님께서는 가톨릭신자이면서도 개신교 신자 이상으로 생사를 넘나들며 극적인 순간에 했던 성령 체험을 청와대 간부 모임 행사 때에 간증도 하셨다.

또한 영부인 이희호 여사님께서 보여주신 믿음의 절개는 청와대 신우회원들에게 소리 없는 열정을 불러일으키고도 남았다. 주일이면 경호원들이 아무리 만류해도 한 주도 빠짐없이 섬기는 교회에 가서 예배를 드리고, 청와대 신우회에도 조용히 찾아오셔서 헌금을 하셨다. 어려운 이들을 찾아가 그리스도의 사랑으로 격려하고 돌보는 일에도 그분만큼 진실 되게 하시는 분은 드물 것이다.

그 덕분에 국민의 정부 시절에 청와대 기독신우회 활동은 절정기라 할 만큼 생명력 있게 펼쳐졌다. 매월 신우회 예배 때마다 많은 사람들이 모여 예배를 드렸고, 매주 월요일 점심시간에는 청와대의 중심에 위치한 비서실 건물 지하 강당에 모여 기도회와 성경공부 시간을 가졌다. 기도회는 국가안보와 민족통일, 대통령 내외분의 성공적인 국정 수행과 청와대에 근무하는 공직자들을 위한 기도가 핵심이었다.

국민의 정부 초기에 한신대 교수로 계시다가 정책기획수석비서관으로 청와대 근무를 시작한 김성재 수석님은 바쁜 업무 중에도 신우회 지도목사님으로 섬기면서 신우회원의 영적 성장에 정성을 쏟아주셨다.

이 시절을 떠올릴 때면 특별히 마음속에 떠오르는 분이 계신다. 경호실장이라는 중책에도 불구하고 대통령 내외분의 뜻을 받들어 신우회 명예회장으로 활동해 주신 안주섭 경호실장님이다. 특히 이 분은 역대 경호실장 중에서도 경호실 내부 개혁을 가장 많이 하신 분으로서, 직접 김대중 대통령님께 건의해서 경호공무원의 신분을 별정직에서 특정직으로 전환하여 경호공무원의 신분을 격상시켜 주신 것으로도 유명하다. 당시 나는 직속상관이었던 안주섭 경호실장님을 신우회 명예회장으로 모시기 위해 정보통신기술심의관(부이사관) 직책이면서도 당당하게 부탁의 말씀을 드렸다.

"실장님! 언젠가는 실장님도 천국에 가실 터인데 천국에 가시면 대통령 경호실장보다 청와대 기독신우회 명예회장'이 훨씬 더 파워가 있을 겁니다! 명예회장을 맡아 주십시오!"

내 말을 듣고 안주섭 경호실장님은 그분 특유의 너털웃음을 지으며 승인을 허락해 주셨다.

당시 국가안보회의(NSC) 차장으로 근무하시던 박용옥(전 국방부 차관) 장로님은 차관급 고위직임에도 불구하고 매주 빠짐없이 기도회와 성경공부 시간에 참석하여 신우회 활동에 큰 힘이 되어주셨다. 김중권 비서실장님과 남궁진 정무수석비서관님은 신우회 월례예배 때 간증을 해 주시며 신우회원들에게 많은 도전과 은혜를 끼쳤다. 청와대를 거쳐 간 외교안보 관료 중 임동원, 황원탁, 임성준 외교안보수석비서관님도 잊을 수가 없다. 그것은 그분들이 신우회 예배에 자주 참석하여 회원들을 격려하고 하나님의 은혜를 나누는 일에 늘 열정을 잃지 않으셨기 때문이다.

이런 분들이 계셨기에 국민의 정부 시절에는 청와대 기독신우회 회원들이 휴일마다 청송감호소까지 7-8시간 버스를 타고 가서 전도했고, 주말에는 교도소와 보육원 등 소외 지역을 찾아다니며 전도와 사회봉사 활동도 매우 활발하게 하였다. 또한 국민의 정부에서 촉발된 청와대 기독신우회의 왕성한 활동은 현재까지 청와대 기독신우회가 부흥 발전하게 된 계기가 되었다.

참여정부 시절에도 나는 주님의 신실한 일꾼들을 종종 목격할 수 있었다. 김우식 비서실장님(장로)과 권오규 정책기획수석비서관을 포함한 청와대 안의 고위급 공무원들과 정부부처에서 섬기는 박명재 전 행안부 장관님이 그 주인공이시다. 특히 박명재 장관님은 참으로 신실하게 하나님을 섬기는 모습으로 도전을 주곤 하셨다. 청와대 행정비서관 출신이기도 한 박 장관님은 장관 재직 중 장관실 옆에 기도실을 마련하여 근무시간 중에도 어려운 문제에 부딪힐 때마다 기도로 지혜를 간구하며 행정개혁을 가장 많이 한 장관으로 관료 사회에 회자될 정도였다.

김승규 장로님은 국민의 정부 법무부 차관 시절부터 공직자 선교에 사명감을 갖고 활동하시면서 늘 공직자 선교사역에 힘을 보태셨고, 참여정부에서 국정원장으로 영전하신 후에도 역대 국정원장 중에 유일하게 국정원 신우회에 참석해서 예배를 드린 원장으로 기록될 만큼, 뿌리가 깊고 견고한 '믿음의 명가' 출신의 신앙심을 보여주셨다.

나는 이명박 정부의 첫해인 2008년 12월까지 청와대 기독신우회장을 한 후 경호차장으로 영예로운 정년퇴직을 했다. 연말 정년퇴직을 앞두고 신우회장 인계를 위해 기도하고 있었는데, 마치 하나님께서 긴급하게 파송하신 듯 임삼진 시민사회비서관을 청와대에 보내주셨다. 임 비서관을 만나 신우회장 인수인계를 위해 함께 기도할 때 얼마나 힘이 나고 기쁨이 충만했는지 모른다. 임삼진 전 비서관 역시 국민의 정부 시절에 행정관으로 청와대에 근무를 하면서 청와대 기독신우회 활동에 참여했던 멤버로 하나님을 향한 충성심이 입증된 분이셨다. 이후에 나는 박선규 비서관(대변인)에게 청와대 기독신우회장을 기쁨으로 인계한 뒤에 20여 년의 청와대 기독신우회 선교 사역을 마칠 수 있었다.

지나온 청와대 선교사역을 돌이켜 보면, 정권이 바뀔 때마다 하나님께서 보내주신 청와대 선교를 위한 영적 파수꾼들의 기도와 격려가 모여 청와대 기독신우회 선교의 불이 지펴졌다는 것을 깨달았다. 그분들이 있었기에 청와대 안에서도 오직 천국의 소망을 갖고 조국 통일을 바라보며 예수님이 선택한 신실한 크리스천 공직자들의 수가 날로 더해질 수 있었다.

물론, 위에 열거한 분들 외에도 청와대에 근무하는 동안 자리에 연연하지 않고 신우회 예배를 목숨처럼 여기며 하나님 나라 사역에 동참했던 분들의 이름이 여럿 있다. 아직도 현직에 근무하는 그분들의 이름을 거명하기에는 조심스러운 부분이 있어 그 이름을 기록하지 못했을 뿐, 하나님 나라에서는 그 모든 분들의 이름이 별과 같이 빛나고 있으리라 믿는다.

그러고 보니 이 책은 내가 아닌, 이 모든 분들이 함께 써내려간 간증임에 분명하다. 또한 이 땅의 독자들이 또 다시 써내려갈 이야기이길 소망해 본다. 부름 받은 그 자리에서 크리스천이라는 자신의 정체성을 드러내고, 또한 예수 그리스도, 그 이름의 권세를 나타내는 제2, 3의 '바라봄의 기적'이 독자들을 통해 일어나기를 기도한다.

주대준

프롤로그

차례

추천 서문 기적의 역사를 써내려가다   6

프롤로그 청와대를 지킨 영적 파수꾼   7

PART 1 기적의 시작은 만남이다

1 하나님을 믿고 그분을 바라보다   20

내가 만난 코이 / 일장춘몽처럼 사라진 어린 날의 보물들 / 본토 친척 아비 집을 떠나 / 내게 찾아온 기적 1 — 길 찾기 / 내게 찾아온 기적 2 — 평안

2 만남을 가꾸는 열정의 손길   37

삼킬 것과 뱉을 것을 분별하게 하시다 / 주님 안에서 열심을 품으면

3 좋은 연료를 주입해야 잘 달릴 수 있다   46

희생은 어디에서 오는가 / 예수님을 바라보면 참된 성공을 안다 / 좋은 연료를 주입하면 건강하게 달린다

4 예수님을 바라보자   55

기적은 믿고 바라보는 자의 몫이다 / 온전하게 맡겨라

PART 2 기적은 하나님의 영역이다

1 내가 죽어야 기적이 일어난다   70

예배가 생명이다 / 두 가지 기근을 해결하라

2 말씀은 기적을 창출하는 발전소이다   82

청와대 기독신우회는 이렇게 창립되었다 / 먼저 해결해야 할 한 가지 문제 / 청와대 기독신우회 사역의 기폭제가 된 사건

3 기도는 기적의 통로다　100

나의 꿈, 하나님의 꿈 / '한국기독공직자선교연합회' 출범 / 심은 대로 거
둔다

4 기적은 믿음 안에서 체험한다　110

로뎀나무 아래서 / 현실과 환경을 주관하시는 하나님의 비책

PART 3 모든 초점을 하나님께 맞추라

1 기적의 주인공이 되려면　130

오직 하나님의 영광을 위하여 / 네가 누구인 줄 아느냐? / 성경학교, 그리
고 기도 굴 / Born Again!

2 기적, 기적, 기적 그리고 또 기적　149

현재의 고난과 장차 영광 / 기적, 기적, 기적… / 장거리 경주의 승리 비결

3 자녀는 하나님의 기업이다　167

세 겹 줄의 사랑으로 / 자녀들은 하나님이 키우셨다 / 하나님의 지도 아래
순종하다

4 사명자는 하나님께서 사용하신다　181

내 인생 2모작의 미션은 '사이버보안' / 사이버보안연구센터를 설립하다
/ 사이버보안이 국가 경쟁력이다 / 청와대 경호차장이 카이스트 부총장으
로 / 주의 말씀이 내 길의 빛이니이다 / 영혼 구원의 파수꾼으로 / 주님과
동행하는 기적의 사나이

부지런하여 게으르지 말고
열심을 품고 주를 섬기라

_롬 12:11

기적의 시작은 만남이다

1

하나님을 믿고
그분을 바라보다

내가 만난 코이

몇 달 전, 나는 매우 특별한 사람들을 만난 적이 있다. '카이스트 S+ 컨버전스 최고경영자과정' 책임교수로서, 교육 중인 원우 CEO 및 정부 고위공무원 50여 명을 모시고 교육 과정 중에 포함되어 있는 해외 워크숍을 갔을 때의 일이다.

중국에 도착한 첫날 저녁, 모두가 쉬고 있는 틈을 이용해 나는 모 음악학교에 가서 간증집회를 하게 되었다. 겉으로는 음악학교였지만 실은 중국인 한족 학생들에게 신학을 가르치는 비밀신학교였다. 참석자들의 남루한 옷차림과 낙후된 시설, 게다가 안으로 문을 꼭꼭 걸어 잠근 채 숨죽이며 집회를 인도해야 하는 현실은 그간 다녔던 어떤 집회 환경보다 열악해 보였다. 그러나 그곳에 임한 은혜는 놀라움 그 자체였다. 그간 다녔던 최고 시설의 대형교회에서도, 어떤 엘리트 모임에서도 경험해 보지 못했던 은혜가 그곳에 가득 임하고 있었다. 무엇이 그토록 하나님의 강력한 임재를 불러왔던 것일까?

전적으로 그분의 주권에 달려있는 하나님의 임재를, 우리가 알고 있는 어떤 행위나 방법적 측면으로 완벽하게 설명할 수는 없다. 그러나 오순절 마가다락방에서 120명의 성도들이 오직 기도에 전념할 때, 진리의 영이신 성령께서 임하셨듯이, 중국 음악학교 학생들에게는 은혜를 불러오는 무언가가 있었다.

말씀과 찬양 안에 거하는 그들의 반응이 달라도 너무 달랐다. 그들은 마치 물 만난 물고기의 힘찬 몸짓처럼 하나님을 찬양했다. 또 한편으로는 목마른 사슴이 시냇물을 찾아 헤매고, 배고픈 양떼들이 초장에서 풀을 찾아내듯이 갈급한 심령으로 하나님 말씀을 마음껏 섭취했다. 성령 충만함을 받은 초대교회의 사도들처럼 당당했기에 숨어서 그들에게선 예배드리는 자의 겁먹은 표정이나, 예배 후에 나가서 살아야 할 세상에 대한 불안이나 두려움의 그늘을 전혀 찾아 볼 수 없었다.

심령이 가난한 자는 복이 있나니 천국이 그들의 것임이요(마 5:3).

내가 보기에, 그들은 천국을 소유하고 있는 것 같았다. 그래서 그들은 더 이상 가난한 자들이 아니라 가장 부유한 자들로 보였다. 마음이 가난했기에 하나님께서 안내하시는 천국의 바다로 뛰어들 수 있었고, 이제 그들은 왕의 자녀가 되어 그 권세와 사랑의 풍성함 가운데 자라가는 사람들이 되어 있었다.

예수님을 모르던 그들이 하나님 나라에 뛰어들어 사는 그 모습은 언젠가 읽었던 '코이'라는 물고기를 떠올리게 했다.

빨간 무늬에 흰 반점이 있는 비단잉어 코이. 이 물고기는 작은 어항에 가두어 키우면 3-5센티미터 정도 자라지만 수족관이나 연못에 키우면 25-30센티미터 정도로 자라는 특성이 있다. 더 놀라운 것은 코이를 냇가나 강에 방류하면 90-100센티미터 이상으로 크게 성장한다는 점이다.

코이의 그런 특성은 마치 우리 속사람의 특성을 상징적으로 알려주는 것만 같다. 우리 내면이 세상만 바라보며 세상이 전부인 줄 알고 살면 '세상 사람' 정도밖에 못 자라지만, 하나님 나라의 바다에 들어가 하나님만 바라보고 살면 '천국을 소유한 사람'으로 자란다. 4차원의 영성을 지닌 사람으로서, 하나님의 권세를 가지고 세상을 이기는 자가 되는 것이다.

'내가 세상을 만났는가, 아니면 하나님을 만났는가.'

이에 대한 답이 인생의 방향과 영혼의 모습을 결정해 준다는 걸 나는 그날 그 집회에서 다시 확인할 수 있었다. 그런 면에서 하나님 나라에 들어가 사는 음악학교 학생들은 가장 복 있는 사람들이요, 세상을 향해 준비된 복음의 사명자들이었다.

일장춘몽처럼 사라진 어린 날의 보물들

중국 워크숍을 다녀온 후, 나는 의지할 데 없었던 어린 시절에 나를 보살펴 주시고 인도해 주신 예수님을 떠올리며 깊은 감사와 감격에 젖었다. 세상 속에 홀로 버려진 나를 주님의 세계로 초청하지 않으셨다면, 나는 지금쯤 어떤 세계 속에 갇혀서 살고 있을까.

지리산 둘레길을 잇는 경남 산청군 단성면.『동의보감』의 저자 허준의 활동무대이자 문익점 선생의 목화 시배지로도 유명한 그곳에서 나는 주자학을 집대성한 주자(朱子, 본명: 朱熹) 가문의 후손으로 태어났다. 가문에 대한 긍지가 남다른데다 동네에서도 손꼽히는 부자에 속했던 우리 집안은 무속적 배경이 강했던 그 마을에서도 단연 으뜸이라 할 만큼 무속신앙이 강했다. 1년에 몇 차례씩 우리 집 뒷방으로 무당들이 들락거렸고, 그때마다 몇날 며칠씩 굿판이 벌어지곤 했던 기억이 아직도 생생하게 남아 있다.

당시 우리 집안은 할머니를 모시고 큰집, 작은집이 한곳에 모여 사는 전형적인 대가족 집안으로 아버지는 큰아버지를 도와 큰 사업을 하고 있었다. 매일매일 번 돈을 대청마루 바닥에 풀어놓은 채 밤새 초롱불 밑에서 돈을 세어야 할 만큼 장사가 잘 되었던 터라 집안 어른들은 어떻게든 그 경제 흐름을 계속 이어가고 싶어 하셨다. 그 때문에 조상숭배를 최고의 가치로 여기던 할머니를 중심으로 집안 어른들 모두 굿을 할 때마다 조상님께 고맙고 감사하다며 그 부귀를 이어가게 해 달라고 빌기를 그치지 않으셨다.

그러나 영원히 승승장구할 것 같았던 사업은 어느 날 완전히 무너지고 말았다. 그 큰 집이며 창고에 가득 쌓였던 곡식 가마니, 값진 가재도구는 물론, 매일 자루에 가득 담겨 있던 그 많은 돈뭉치가 하루아침에 보이지 않았다.

초등학교 2학년 여름방학을 맞아 여유롭게 늦잠을 즐기려던 어느 이른 아침, 아버지는 내 손을 잡고 도망치듯 마을을 벗어나시더니 아침 첫 버스에 오르셨다. 그리고는 몇 번이나 버스를 갈아탄 끝에 배에 올랐는데, 그 배의 행선지가 바로 거제도였다. 이제야 짐작컨대 집안 사업이 계획대로 풀리지 않자 아버지는 빚을 지게 되었고, 빚쟁이들에게 시달리다 아버지가 모든 짐을 지고 거제도까지 가게 된 게 아닌가 싶다.

거제도에서 본 아버지는 하루가 다르게 의욕을 잃고 초췌해져 가셨다. 갑자기 무너진 사업에 대한 스트레스로 화병을 앓으셨고, 태평양전쟁 중에 입었던 부상까지 재발하여 심한 후유증에도 시달리셨다. 날마다 이브자리를 보존한 채 누워계시던 아버지의 마른기침소리가 어린 내 귓가에 머물곤 했다.

결국, 하루가 다르게 병색이 짙어졌던 아버지는 거제도 생활을 몇 년 못 버티시고 고향으로 돌아오셨다. 하지만 고향에 돌아온 그 해, 큰아버지에 이어 아버지까지 소천하시고 말았다.

큰아버지와 아버지의 연이은 죽음, 그것은 우리 가족에게 또 다른 불행을 연속적으로 낳게 되었다. 할머니를 비롯한 집안사람들은 아버지가 거제도로 가게 된 것이며, 병을 이기지 못한 것을 집안에 여자가 잘 못 들어와 조상을 잘못 모신 탓이라며 어머니를 원망했다.

당시의 그와 같은 우리 가정의 모습은 훗날 내가 성경에서 발견한 고난에 대한 태도와는 사뭇 달랐다. 하나님께선 우리가 당하는 고난 앞에서 기도하라 명하셨지, 결코 누군가를 탓하거나 미워하지 말라 하셨다.

너희 중에 고난당하는 자가 있느냐 그는 기도할 것이요(약 5:13).

하나님은 왜 고난 중에 기도하라 하셨을까? 사람이 감당하기 어려운 극심한 고난 앞에서 내 시선을 하나님께 두게 하기 위해서다. 내 눈을 들어 하나님을 바라보면 다른 사람이 아닌 내 죄가 보여 회개하게 되고, 사람이 해결할 수 없는 문제도 하나님은 해결하실 수 있다는 믿음으로 인해 새로운 미래를 꿈꿀 수 있기 때문이다. 나를 향하신 하나님의 무궁하신 사랑 앞에서 기뻐하며 감사할 수도 있다. 그래서 예수님을 바라보는 사람들은 고난 중에도 서로를 격려하며 더 밝은 얼굴을 지닌 채 고난의 터널을 통과할 수 있는 것이다.

그러나 당시 우리 집에는 그런 복음이 없었다. 때문에 사업이 실패하고 가세가 기울어지자 이 모든 우환과 불행의 씨앗이 집안에 여자가 잘못 들어와 조상을 잘못 섬긴 탓으로 돌렸고, 할머니는 날이면 날마다 장독대 위에 정화수를 떠 놓은 채 조상을 잘못 모신 죄를 속죄하느라 천지신명께 빌고 또 빌곤 하셨다.

그 후 우리 가정은 어머니마저 돌아가시면서 걷잡을 수 없는 몰락의
소용돌이 속에 휘말려갔고, 어린 우리들은 어디에도 의지할 데 없는 고
아가 되고 말았다.

본토 친척 아비 집을 떠나

부모를 모두 잃은 우리 형제는 한 해 동안 할머니에게 맡겨졌다. 할
머니는 비록 두 아들을 먼저 보낸 한을 안고 사셨지만, 손자들만큼은 극
진한 사랑으로 돌보셨다. 그래서 지금도 할머니를 생각하면 그 애틋한
정을 잊을 수가 없다. 할머니는 부모 잃은 우리를 품 안에 거두시며 과
분한 사랑으로 보살펴 주셨다.

하지만 우리 집뿐 아니라 큰집의 나이 어린 동생들까지 다 돌보시는
할머니께 더 이상 신세를 질 수는 없었다. 몇 달 후부터 나는 동생들과
더불어 여기저기 친척 집을 전전하며 길을 나서야만 했다.

지금 돌아보면, 그때 나선 그 길은 마치 우상을 섬기던 아 비의 집을
무작정 떠나야 했던 아브라함의 여정처럼 느껴지기도 한다.

여호와께서 아브람에게 이르시되 너는 너의 고향과 친척과 아버지
의 집을 떠나 내가 네게 보여 줄 땅으로 가라 내가 너로 큰 민족을
이루고 네게 복을 주어 네 이름을 창대하게 하리니 너는 복의 근원
이 될지라(창 12:1-2).

하나님의 약속을 바라보며 갑자기 길을 떠났다는 점에서도 그렇지만, 아브라함이 자기 가문에서 가장 먼저 하나님을 만난 사람이라는 점에서도 나는 동질감을 느꼈다. 아버지와 함께 갔던 거제도 객지 시절에, 나는 이미 주 예수님을 그리스도로 영접하여 그분을 마음 깊이 모셔 들인 상태였기 때문이다.

거제도 거주 당시, 우리 가족이 거주하던 거제도 일운면 지세포리에는 파도가 심하게 치는 날이면 집 마당까지 바닷물이 들어오곤 했다. 지리산 자락에 살았던 나는 그 모습이 어찌나 신기하던지 그때마다 그곳 푸른 바다와 씨름하듯 뒹굴며 뛰어놀곤 했다.

그러던 어느 날, 학교도 다니지 못하고 집 앞에서 놀던 나는 동네 아주머니의 손에 이끌려 교회라는 곳엘 난생 처음 가 보게 되었다. 그리고는 교회 간판 위에 쓰인 "주 예수를 믿으라 그리하면 너와 네 집이 구원을 얻으리라" 글자를 읽고, 나는 얼어붙는 듯한 충격과 감동을 받게 된다.

'주 예수'라는 세 글자가 내 마음을 너무나 친밀히 두드렸다고 해야 할까. 당시에 나는 예수님의 성(姓)이 나와 같은 '주 씨'라고 확신하고는, 마치 친척 아저씨 집에 들어가는 마음으로 교회 안으로 들어갔다. 물론 얼마 지나지 않아 그 '주(主)'가 내가 생각한 우리 성 씨의 '주(朱)'가 아님을 알았지만, 내 영혼과 인생을 구원하시는 예수님을 그토록 가깝게 느끼며 신앙생활을 시작한 것은 큰 축복이었다. 나는 예수님을 천국에 가면 뵐 수 있는 분으로도 믿었지만, 이 땅에 사는 동안 내 손을 붙잡고 나와 함께 걸으시며, 항상 나를 돌봐주시는 분이라고도 믿었다.

이 예수님이 내 마음속에 자리를 잡으면서 나는 어느 날부터인가 주일학교에서 배워 암송한 성경 말씀을 아버지가 누워 계신 쪽의 벽에다 붙여놓고는 소리 내어 읽어드리곤 했다. 특히, 아버지가 심하게 고통스러워하는 날이면, 나는 더욱 치유와 회복에 관한 성경 말씀을 큰소리로 읽어드리곤 했다.

고통으로 신음하던 아버지는 말씀이 선포될 때마다 당분간 평온을 되찾으셨고, 이후에도 통증이 찾아올 때마다 나를 불러 허리를 밟게 하시며 벽에 붙인 성경 말씀을 큰소리로 읽어 달라 부탁하곤 하셨다.

그때 아버지가 정식으로 예수님을 영접하고 믿었더라면 얼마나 좋았을까. 아버지는 예수님을 믿어서라기보다 지푸라기라도 잡는 심정으로 말씀을 소리 내어 읽어 달라 부탁하셨지만, 나는 예수님을 믿었기에 그 말씀의 능력을 진심으로 믿고 선포했다.

그러고 보면, 어릴 때부터 논리적이고 따지기 좋아하던 내가 그렇게 말씀의 햇살 앞에 마음 문이 활짝 열리게 된 건 전적으로 하나님의 은혜였다. 믿음이 하나님으로부터 온 선물이라는 걸 나의 경우만 봐도 알 수 있었다. 예수님이 날 위해 죽으시고 부활하셨으며, 나를 사랑하시어 내 옆에 계심을 나는 늘 느낄 수 있었다. 그러자 내 눈은 예수님을 바라보지 않을 수 없었다.

비록 그 후에 고향으로 돌아가 부모를 잃는 아픔을 겪긴 했지만, 동생들과 더불어 집을 나설 때의 내 마음이 그리 허망하지만은 않았던 것은, 그 예수님을 내 눈이 똑똑히 바라보고 있었기 때문이었다. 나는 거제도 지세포 교회 주일학교에서 들었던 성경 속의 많은 인물들 중에서 유독 요셉의 이야기가 내 마음속에 와 닿았다. 요셉과 함께 하신 하나님께서 나와 함께 하신다면 나도 요셉처럼 성공할 수 있다는 성경 속의 약속의 말씀을 믿고, 요셉의 하나님을 사모하며 바라보았다. 그 약속을 바라봤기에 갈 바를 알지 못한 채 집을 나서는 내 발걸음 속엔 묘한 희망마저 자리 잡고 있었다.

내게 찾아온 기적 1 — 길 찾기

내 나이 열두 살. 옷 보따리 하나 제대로 없는 내 손에는 달랑 종이쪽지 한 장이 쥐어져 있었다.

'경상남도 하동군 옥종면…'

집안 어르신들은 나와 동생들을 한 명씩 나누어 일가친척 집으로 가게 했다. 내게 할당된 옥종 당숙과는 아버지 생전에 별 왕래가 없었다.

게다가 그 당시 내가 살던 고향에서 하동군 옥종면까지는 어른 걸음으로도 반나절 이상 걸리는 거리였다. 나는 가는 길도 잘 알지 못한 채 한 번도 가본 적 없는 오촌 당숙을 찾아 무작정 길을 나섰다. 낯선 어귀에 설 때마다 사람들에게 길을 물었다.

"옥종 갈라꼬? 거기 갈라믄 저기 신작로를 따라 언덕을 몇 개 넘으면 지리산에서 내려오는 덕천강이 나온다 아이가. 그 강을 건너면 두양 마을이고 하동군인데, 그렇게 가면 너무 오래 걸려서 안 될끼다. 해 떨어지기 전에 강을 건너야 할 거 아이가? 그라니까 아무래도 언덕 넘어 지름길인 산길로 가야 빠르겠제? 저 언덕 넘어서 산길로 들어서서 언덕 사잇길로 가거래이."

길을 묻는 내게 어찌 그리 애매하게 안내해 주셨던지, 그 얘기를 듣고 처음 가보는 산으로 무작정 들어섰다. 나는 언덕 넘어 산길로 들어서기만 하면 옥종 가는 사잇길이 반듯하게 있을 줄 알았다.

그러나 산은 정말 산이었다. 길이 끊기더니 주변엔 온통 수풀만 가득했다. 수풀이 내 키보다 훨씬 커서 마치 수풀 속에 갇힌듯하여 동서남북 방향도 모르겠고, 이러다 산속에서 빠져나가지도 못하는 건 아닌지 덜컥 겁이 났다. 몇 시간을 헤매던 나는 끝내 울음을 터트릴 수밖에 없었다. 엉엉 울던 나는 반사적으로 예수님을 찾았다.

"주 예수님, 우얍니까? 날 좀 도와 주이소."

워낙 겁도 없고 좀체 당황하는 법도 없던 나였다. 그러나 산속에서 몇 시간 동안 길을 잃고 헤매다보니 그 막막함과 두려움이 이루 말을 할 수 없었다. 내 판단이나 지혜로는 결코 그 산을 빠져나갈 수 없다는 걸 알았기에 나는 엉엉 울며 예수님의 도움을 구했다.

"니, 왜 그리 울고 있니?"

얼마나 헤매었을까. 갑자기 낯선 이의 목소리가 들려 정신을 차려보니 웬 아저씨 한 분이 나를 보고 계셨다. 몇 시간 동안 사람 한 명 지나치지 않았던 그 산속에 어떻게 갑자기 그분이 나타났던 것일까. 50년이 지난 지금까지도 나에게는 미스터리로 남을 만큼 그 아저씨의 등장은 난데없는 일이었다.

"예. 길을 잃었심더."

"그래, 어데를 가는데?"

그 아저씨는 내 손에 든 쪽지를 보더니 "옥종 갈라믄 이 산을 넘고 강을 건너 두양 마을로 가야 하는데…"라고 하시면서 이내 내 손을 이끌고 한 시간여 동안 함께 같이 가주셨다. "이제 산은 빠져 나왔으니까 이 길로 쭉 가다가 강을 건너서 또 물어보고 가면 된다. 알았제?"

나는 아저씨에게 고맙다는 말도 제대로 못한 채 서둘러 산길을 내려와 지리산 계곡물이 합류하는 덕천강을 건너 옥종 당숙 집으로 향하던 그날이 떠오를 때마다 '도대체 그때 그 아저씨의 정체가 무엇이었을까?' 하고 생각해 보곤 한다. 내 손을 만지셨으니 진짜 천사는 아니었겠지만, 어찌됐든 그분은 길을 잃고 헤매는 나를 위해 하나님께서 보내주신 사람임에는 틀림없다고 믿는다. 거제도에서 나를 만나주신 예수님은 그날 산속에서뿐만 아니라 그 이후에도 내가 길을 잃을 때마다 사람을 보내시어 내가 가야 할 길의 이정표를 알려주곤 하셨으니까. 그날 내게 길을 안내해주신 예수님은 그 이후에도 나를 결코 내버려두지 않으시는 나의 목자요, 내 인생의 주인이 되어주셨다.

내게 찾아온 기적 2 — 평안

내가 처음 경험한 기적이자 끊임없이 체험하는 기적은 '잃어버린 길을 되찾게 되는 기적'이었다. 주님은 그렇게 나에게 오셔서 진리의 길, 생명의 길로 나를 인도하셨다. 또한 그날 이후, 나는 '평안'의 기적을 점점 더 체험해 나갔다. 평안…. 그것은 내게 기적처럼 주어졌다고 밖에는 말할 수가 없었다. 당시 나는 도무지 평안할 수 없는 환경 속에 놓여 있었기 때문이다.

캄캄한 밤이 되어서야 어렵게 오촌 당숙 댁을 찾아갔지만, 조카에게 깊은 애정을 갖고 계신 당숙의 마음과는 별개로 나를 바라보는 다른 친척들의 시선은 싸늘하기만 했다. 별수 없이 눈칫밥을 먹는 설움이 시작되었고, 나는 며칠이 안 되어 스스로 그 집을 떠나 고향으로 되돌아오고 말았다. 아마 자존심 강한 부잣집 아들의 기질이 남아 있어서였을 것이다.

고향으로 돌아온 나는 이번엔 두 동생과 함께 삼촌 댁에 맡겨졌다.

"사람은 배워야 한다"는 일념 하나로 6·25전쟁 후 지리산 자락의 산골 마을에서는 꿈꿔보지도 못했던 부산 사범학교에서 공부한 삼촌이었다. 그러나 그 삼촌도 당시에는 여러 가지 이유로 우리를 부양할 만한 능력이 안 되셨다.

우리 형제들이 고아원을 전전하기 시작한 것은 그때부터였다. 처음에는 친척들이 주 씨 가문의 자존심 때문에 고향에 있는 고아원을 무시하고, 고향 산청에서 멀리 떨어진 거창 고아원으로 우리들을 보냈다. 그러나 난생 처음 해보는 고아원 생활은 도저히 적응하기 어려웠다. 오들오들 떨며 자야 하는 것은 어떻게든 감수한다지만, 지린내를 비롯한 악취는 견딜 수가 없었다. 한 방에 20-30명이 집단생활을 하다 보니 대소변 냄새가 방 안 곳곳에 배어 있었다. 더욱이 초등학교 1학년인 막내 동생이 추위와 악취로 인해 힘겨워하는 모습을 지켜보기란 쉽지 않았다.

3일을 지내다 마침내 탈출을 감행했다. 나는 사촌 누나와 동생들까지 총 네 명을 이끌고는 온갖 계략을 짜내어 탈출에 성공했다. 버스를 타고 거창 버스정거장에서 함양 가는 버스를 탈 때도 낯선 분들에게 가서 "아줌마, 우리 집 가는 길을 잃어버렸슴니더. 함양을 거쳐 산청까지 가야 하는 데 우리를 아줌마 아이들이라고 해 주이소"라고 부탁하며 버스에 올랐다. 아이들은 차비를 받지 않으니 그렇게 해서 버스를 타야 고아원에서 탈출한 아이들이란 의심도 받지 않을 것이었기에.

그렇게 해서 우리는 의기양양하게 내 고향 산청으로 다시 돌아왔다. 하지만 돌아온 결과는 엄청난 구박뿐이었다. 하루하루 밥 먹기도 힘든

데 고아원에서 도망 나오면 어떡하느냐는 얘기였다. 그나마 중학교까지라도 다니려면 고아원을 가야 한다는 삼촌의 말이 너무도 야속하게 들렸다.

우리 형제들은 다시 고향에 있는 단성 애육원으로 향했다. 삼촌 말씀대로 굶어죽지 않고 학교를 다니려면 그 방법밖에 없었다. 할머니와 삼촌 등 우리를 부양할 친척이 있는 까닭에 우리 형제들은 정상적으로 고아원에 들어갈 수 없었지만, 삼촌께서 당시 원장님과 잘 아는 사이라 삼촌의 간곡한 부탁으로 우리 모두 고아원에 맡겨질 수 있었다.

단성 애육원은 규모는 작았지만 거창 고아원보다는 시설이 좋았다. 고향에 자리 잡고 있어서인지 마음도 포근했다. 하지만 고아원 생활이 시작되면서 이렇게 저렇게 압박이 찾아왔다. 우리 집이 동네에서 손꼽히는 부자였다는 게 문제였다. 학교의 거의 모든 비품들은 우리 집에서 감당했던 탓에 친구들은 으레 나를 '부잣집 도련님'으로 바라보았다. 그런데 그런 내가 고향의 고아원에서 생활하자 어이없어 하는 한편, 내놓고 괄시를 했다. 전쟁고아로 그곳에서 어릴 때부터 생활하던 같은 학년의 친구들은 나의 등장에 아니꼽다는 듯 위협을 가하기도 했다.

"야, 니 같은 놈이 왜 여기에 와서 우리 꺼 축내?"

일종의 텃세였다. 그때 내가 깨달은 사실은, 사람 사는 곳은 어디에나 기득권을 뺏기지 않으려는 본능적 욕심이 있다는 점이었다. 그 때문에 고아원에 맘 편히 있을 수도, 그렇다고 고아원 밖으로 나갈 수도 없는 내 처지가 한없이 초라하게 느껴질 수도 있었다.

하지만 이상하게도 내게는 그런 생각이 들지 않았다. 나를 위협하는 친구들에게도 "좀 잘 봐 줘"라며 살갑게 대했고, 나중에는 고아원 친구들과 허물없이 지낼 수 있었다. 이미 내 속엔 상황에 따라 요동치지 않는 견고한 평안이 흐르고 있었던 것이다. 그래서 나는 내 처지를 비관하거나 외부적 자극에 의해 슬픔과 절망의 나락에 빠지는 일이 없었다.

어떻게 그럴 수 있었을까. 그것은 거제도 조그만 교회에서 만난 예수님이 나와 함께 하신다는 사실을 고통스런 세월 속에서도 확실히 믿었기 때문이었다. 그 믿음이 내게 평안의 기적을 선물하고 있었다. 고아원에 도착하던 다음 날부터 새벽에 일어나 2층에 있는 예배실로 찾아들어갔던 일도 예수님이 나와 함께 하신다면 결코 외롭거나 흔들리지 않는다는 걸 이미 경험했었기에 할 수 있었던 일이었다.

사람이 버림받았다는 생각에 놓일 때만큼 위험할 때가 또 있을까. 그 생각 속에 놓이면 평안은 즉시 사라진다. 자기 연민과 상실, 그리고 세상에 대한 두려움으로 마음이 쫓기기 시작한다. 또 불안이 엄습하고 공허감이 밀려온다. 그래서 마귀는 우리에게 끊임없이 버림받았다는 사생자의 마음을 심어주려 하고, 예수님은 우리에게 "내가 항상 너와 함께 한다"는 평안을 심어주려 하신다.

당시 나는 외부적으로는 천둥벌거숭이처럼 세상에 내버려졌던 사람이었다. 그러나 영적으로 보면 나는 마귀의 말이 아니라 예수님의 말씀에 귀를 기울이고 있었다. 그래서 나는 결코 버림받은 자가 아니라 하나님과 함께 사는 하늘나라의 왕자라고 믿었다. 그 왕자에게 하나님께서는 세상이 줄 수 없는 평안을 주고 계셨다. 그 평안이 있었기에 나는 계속 요셉을 꿈꿀 수 있었고, 열심히 앞을 바라보며 달려 갈 수 있었다.

어떤 이들은 당시 내가 열심히 공부라도 하지 않으면 안 될 만큼 절박한 환경이었으니까, 주경야독하며 열심히 살았을 거라고 말한다. 하지만 정확히 말하면 그렇지 않다. 나는 결코 불안 때문에 쫓기듯 공부해 본 적이 없다. 하나님을 바라봤기에 꿈꾸듯 공부했고, 당당하게 꿈을 꿨다.

성경에도 여호와로 인해 기뻐하는 것이 우리의 힘이라고 하지 않았던가(느 8:10). 하나님을 기뻐하고 그분을 바라보면 우리 마음엔 기쁨과 평안이 솟는다. 그리고 그 평안이야말로 소용돌이치는 거친 세상에 휩쓸리지 않고 내 갈 길을 갈 수 있는 힘이다.

광풍과 비바람까지 몰아치던 내 어린 날, 예수님께서는 며칠 동안만 평안의 기적으로 나를 붙들어주신 게 아니었다. 그 시절 내내, 아니 지금까지도 예수님은 평안의 기적으로 내 마음을 채우시며 나의 갈 길을 인도해 주신다. 그 예수님이 계시기에 나는 하늘이 내려앉고 땅이 꺼지는 천지개벽의 상황이 내 앞에 닥칠 때에도 세상 속으로 당당히 나아갈 수 있었다.

2

만남을 가꾸는
열정의 손길

삼킬 것과 뱉을 것을 분별하게 하시다

단성 애육원에 들어간 다음 날부터 나는 새벽마다 예배실로 향했다. 당시 모든 고아원에는 아이들을 위한 편의 시설 및 교육 환경이 무척이나 열악했다. 그래도 그곳은 교회를 함께 운영하여 애육원 안에 예배실이 있다는 게 큰 위로가 되었다. 새끼가 암탉을 찾아 그 품에 찾아들 듯, 나는 찬바람 부는 새벽녘이면 잠자리에서 일어나 2층 예배실로 가서 예수님의 품 안으로 들어가 기도하곤 했다.

"감옥 속에서도 포기하거나 좌절하지 않고 하나님을 바라보고 노력한 요셉을 왕궁으로 보내 주셔서 국무총리를 시키신 하나님! 나도 앞으로 어른이 되어서 요셉처럼 국가를 위해 큰일을 하는 사람이 되고 싶습니다."

어린 나이에 형들에게 팔려 남의 나라 애굽에서 종살이를 했지만, 하나님이 주신 꿈과 지혜로 애굽의 국무총리가 된 요셉은 내 인생의 롤모델이자 소망이었다. 나는 할 수 없지만 하나님은 하실 수 있고, 나의 능력은 부족하지만 하나님의 능력이 무궁무진하다는 걸, 요셉의 삶은 실제적으로 내게 알려주고 있었던 것이다.

실제로, 당시의 내 처지는 누가 보더라도 미래를 기약하거나 기대할 수 없는 상태였다. 하지만 돌아보면, 그것이 내게 축복이었다. 연약하고 불완전한 자리였기에 나는 그곳에서 끝없이 하나님을 바라볼 수 있었으니까. 그 하나님을 바라보고 기도하면, 나는 장차 헤쳐 나가야 할 인생의 수많은 장벽들에 대한 두려움보다 하나님 손을 맞잡고 그 장벽을 넘어서는 짜릿함을 미리 맛보았던 것 같다. 그렇지 않고서야 칼바람 부는 새벽에 일어나 기도하며 하나님을 찬송할 수 없었으리라.

하나님께서 나를 직접 키우시고 먹이시며 인도하신다는 사실을 나는 일상의 모든 일들 속에서도 경험하고 있었다.

그중 하나가 세상에 쏟아지는 여러 말들 중에서도 긍정적이고 좋은 말들만을 내 마음이 섭취했다는 점이었다.

가령, 누가 나에게 "야, 이 부모 없이 자라 버르장머리 없는 놈아"라고 말해도 거기에 반응하여 스스로를 비관하거나 슬픔 속에 휘둘리지 않았다. 이미 나는 하나님을 나의 아버지로 믿어 하나님 나라의 왕자로

입양된 하나님의 자녀라는 복음의 정체성을 소년 시절부터 가슴에 새기고 있었기 때문이었다.

그래서 지금도 그 시절을 떠올리면 행복했던 시간들이 참으로 많다. 그중 하나가 6학년 때의 사건이었다.

당시 1년에 한차례씩 열리는 '진주 개천 예술제'는 우리들 모두의 동경이 될 만큼 큰 행사였다. 시골인 산청에서 진주 시내를 구경하는 것만으로도 지금으로 치면 유럽여행 다녀온 것만큼의 자랑거리가 되었다.

하지만 진주는 어린 내가 쉽게 갈 수 있는 곳이 아니었다. 버스 편도 아침에 한 번, 저녁에 한 번이 전부였고, 길이 험해서 걸어가려면 5-6시간은 족히 잡아야 했다. 모험심이 강했던 나는 어떻게든 '진주 개천 예술제'를 꼭 구경하고 싶었다. 서울 부잣집에서 살다가 고아가 되어 내려온 한 친구가 나와 의기투합이 되었다.

동전 한 푼 없던 우리는 진주까지 가는 버스를 공짜로 얻어 타서 그렇게도 그리던 '진주 개천 예술제'를 실컷 구경했다. 그런데 아뿔싸, 단성으로 돌아오는 막차를 그만 놓치고 말았다. 친구와 나는 어쩔 수 없이 깜깜한 밤에 걸어서 단성까지 가기로 했다.

얼마나 걸었을까. 피곤하고 배고픈 몸을 이끌고 터벅터벅 밤길을 걷고 있는데, 어떤 아저씨 한 분이 다가와 물으셨다.

"니네 어디 가는 애들이냐?"

"네? 단성 가는데요, 와 그랍니까?

"아이고, 단성 갈라꼬? 거긴 지금 절대로 못 간다. 밤을 새도 갈 수가

없는 기라. 니네 그라지 말고 오늘밤 우리 집에 가서 자고 내일 새벽에
내가 차 태워줄게! 그렇게 하는 게 낫겠다.”

당시만 해도 사람이 사람을 액면 그대로 믿을 수 있던 시절이었다.
호의를 베푸는 아저씨의 낡은 시골집에서 우리는 고픈 배도 채우고 단
잠도 잘 수 있었다. 특히 내가 그날을 행복했던 시간으로 기억하는 이유
는 그날 밤에 들려준 아저씨의 격려 덕분이었다.

“야, 니 이름이 주대준이라꼬? 가만 보니 니 말하는 거도 그렇고, 눈
빛에도 총기가 있네! 내가 그냥 하는 말이 아니고, 니는 앞으로 큰사람
이 될기다. 열심히 하거래이.”

낡은 시골집에서 농부 아저씨가 들려주는 그 한 마디 말씀은 가뭄을
해갈하는 단비처럼 나에게 다가왔다. 나는 아저씨의 그 말씀을 귀하디
귀한 음식을 꼭꼭 씹어 달게 삼키는 심정으로 받아 삼켰다.

그래서였을까. 잘 되고 싶은 마음, 훌륭한 인물로 성장할 수 있다는
믿음이 내 마음과 생각 속에 계속 움이 텄던 것 같다. 보약을 먹고 몸이
건강해지듯, 단 하룻밤에 들은 그 한마디 말씀이 내 마음 밭을 건강하게
일궈 주는 느낌이었다. 실제로, 그 후에도 문득문득 어렵고 힘든 순간이
찾아 올 때마다 그 아저씨의 말씀이 내 머릿속에서 떠올라 나를 일으켜
세우는 힘이 되어 주곤 했다.

“주대준! 니는 앞으로 큰사람이 될기다. 열심히 하거래이….”

내가 지금도 내 자식들뿐 아니라 아파트 앞이나 심지어 엘리베이터
안에서 짧은 시간에 잠시 만나는 아이들에게 어떻게든 말 한마디라도

건네고 싶어 하는 것은, 그때 들었던 농부 아저씨의 격려를 잊을 수 없는 까닭이기도 하다.

"야, 너 이 아파트 사니? 너 참 눈빛이 또렷한 게 총명하게 생겼구나! 너는 꿈이 뭐니? 교회는 나가니? 예수님께서 너를 무척 사랑 하신단다! 교회 나가서 예수님 잘 믿으면 훌륭한 사람이 될 수 있단다. 꼭! 예수님 믿고 훌륭한 사람이 되어라!"

사람을 살리는 생명의 한마디 말. 그것이 마음의 그늘을 거두고 건강한 정서를 일궈주는 보약임을, 그 건강한 정서야말로 꿈의 열매를 맺는 중요한 토양임을 나는 그 이후 내 자식을 키우면서도, 또 이 땅의 많은 아이들을 만나면서도 체험해 가고 있다.

내 아버지 되신 하나님께서는 나를 직접 키우시면서 그렇게 내 정서의 문제까지도 만져주고 계셨다.

주님 안에서 열심을 품으면

하나님과의 만남에서 꽃을 피우려면 먼저 필요한 것이 열정과 열심이었다. 남자가 여자를 만나도 만남의 열정 없이는 사랑의 결실을 맺을 수 없고, 농부가 농사를 지어도 부지런하지 않으면 좋은 결실을 맺지 못하는 이치와 같은 것이었다.

예수님과의 만남 이후, 그분은 내게 미래를 향한 열정의 달리기를 하도록 불을 붙이셨다.

1층 생활관에서 다른 아이들과 놀다가도 2층 예배실로 혼자 올라가 기도하다 보면, 그분은 내게 미래를 위한 지혜와 열정을 부어주곤 하셨다. 어린 나이에도 현실에 안주하지 않고 미래의 청사진을 바라보며 계속적인 시도를 멈추지 않았던 것은 그 때문이었다. 5년 후, 10년 후의 비전을 바라보며 무언가를 준비하는 모습은 그때 형성된 습관이었다. 고아원 생활 3년 만에 나는 대구로 향했다. 당시의 열악했던 교육 여건상, 고아원에 계속 머물다가는 고등학교 공부도 제대로 할 수 없을 것 같은 생각이 들었다. 당시 대구 K-2 비행장에서 하사관으로 근무하던 막냇삼촌에게 편지를 써서 "나 좀 데려가 달라"고 부탁을 드렸고, 이 편지를 받으신 삼촌과 숙모님은 부모의 마음으로 나를 대구에 불러서 새로운 길을 열어 주셨다.

그분들 덕분에 대구로 간 후, 단칸방이었던 삼촌 집에서 함께 생활하며 낮에는 일하고 밤에는 공부할 수 있는 대구 성광고등학교 야간부로 진학했다. 성광고등학교는 내 인생의 가장 갈급한 시기에 가장 중요한 역할을 한 학교이며, 영원히 잊을 수 없는 내 인생의 오아시스와 같은 역할을 한 학교이다. 당시 야간부에는 고학생들에게 직장을 알선해 주는 취업센터가 있었다. 나는 생애 최초의 직장을 내 의사와 무관하게 취업센터에서 지정해 주는 '일흥라사'라는 양복점의 심부름꾼이자 조수로 들어갔다.

하지만 어릴 때부터 가정이 없어 바늘 구경도 제대로 못 하고 자라온 내가 하루 종일 바늘에 실 끼우는 일을 하기는 너무 어려웠다. 불과 일주일도 못 다니고 정중히 말씀드리고 사직한 후, 두 번째 일터인 양산과 우산을 조립하는 가내 수공업 공장에 들어갔다.

그러나 이 또한 내게는 적합한 일이 아니었다. 하루 종일 눈이 침침할 정도로 양산 살을 붙여도 내게 돌아오는 건 일당 500원. 돈도 문제였지만 더 힘든 건 그렇게 일하고 나면 눈이 침침해서 밤에 공부하기가 힘들었다. 사회생활에 적응하는 것도 쉽지 않지만 야간고등학교 다니면서 공부할 수 있는 일자리를 구하는 것도 무척 어려웠다.

'아, 이 일도 하나님을 바라보며 해결해야 할 문제였구나.'

무작정 열심히 한다고 되는 게 아니었다. 나의 열심은 기초가 될 뿐, 주님의 안내하심과 인도하심이 알파요 오메가였다.

"주님, 제가 일하면서 공부할 수 있는 일터를 허락해 주세요. 공부할 수 있는 직장이라야 합니다."

매일 새벽기도를 드리며 하나님의 도우심을 구했다. 나를 위해 죽기까지 하신 예수님, 그분은 나를 위해 죽으실 뿐 아니라, 이 세상 모든 만물을 주관하시고 움직이시는 분이셨다. 그런 예수님께 내 인생의 주인이심을 고백하며 도움을 구하면, 그분은 기꺼이 나를 위해 일하시는 분임을 그때 다시 한 번 체험할 수 있었다. 기도를 시작한 지 얼마 후, 사촌 형의 주선으로 형 친구가 다니던 대구소방서 장비계 경리업무 급사로 취직이 된 것이다.

"하나님, 감사합니다. 감사합니다."

훗날 내가 청와대에 입성했을 때나 승진했을 때, 또 박사학위를 받았을 때에도 그때만큼 기쁘지는 않았다. 다른 아무것도 의지하지 않고 오직 하나님만을 깊게 의지했기에 하나님의 전적인 도우심도 깊게 실감할 수 있었던 시절이었다. 그렇게 들어간 직장이라 급사 일은 당연히 열심히 할 수밖에 없었다. 하나님께서 주신 자리가 아닌가. 어떤 자리보다 빛나는 자리요, 중요한 자리라 믿었다. 무엇보다 사무실 옆의 조그만 다다미방이 내게 주어졌다는 것이 큰 선물 이기도 했다. 부모님이 돌아가시면서 가정이란 울타리가 사라진 이후, 처음 가져보는 나만의 공간인 사무실 옆 다다미방에서 밤을 밝히면서 미래를 꿈꾸며 살았다. 공부할 시간이 모자랄 때는 잠 안 오는 약을 먹고 밤을 지새우면서까지 열심히 공부했다.

함께 근무하던 사무실의 장비계장님과 소방직원들은 그런 나를 심부름하는 사환으로가 아니라 한 가족처럼 대해 주셨다. 새벽에 화재 신고가 들어오면 함께 불을 끄러 가기도 하고, 때로는 운동이나 식사를 모두 같이 하기도 했다.

돌아보면, 그 시절이야말로 내게 가장 큰 행복을 안겨 준 때였다. 주님 안에서 품은 나의 열심은 학교생활이든 직장생활이든 화사한 꽃을 피우게 했고, 나를 돌보시는 하나님은 나로 하여금 많은 사람들에게 사랑받도록 인도하고 계셨다.

그가 우리를 대신하여 자신을 주심은 모든 불법에서 우리를 속량하시고 우리를 깨끗하게 하사 선한 일을 열심히 하는 자기 백성이 되게 하려 하심이라(딛 2:14).

3

좋은 연료를 주입해야
잘 달릴 수 있다

희생은 어디에서 오는가

청와대 근무 시절, 나는 아침마다 경호원들의 출근하는 모습을 보며 새삼스러운 감동에 젖곤 했다. 그들은 특수무술을 배우고 익혀서 세상 겁낼 게 없을 것 같은데도 늘 오늘이 마지막 날인 양 아침마다 목욕재계하고 속옷까지 깨끗이 갈아입은 다음, 머리 손질과 옷매무새를 반듯하게 한 채 긴장을 늦추지 않는 눈빛으로 출근했다. 그들은 왜 하루하루를 그렇게 살아가는 것일까.

대통령에게 혹시라도 위협이 가해질 경우, 비호처럼 몸을 날려 대통령을 보호하는 사람들이 바로 경호원이다. 그러니까 그들은 만약에 찾아올지도 모를 0.01초의 순간에 자신을 초개처럼 버리기 위해 날마다 그토록 경건하고도 긴장된 모습으로 살아가는 것이다.

국가원수를 위해서라면 목숨까지도 버릴 수 있다는 마음이 뼛속까지 스며들지 않고서는 그 위험한 순간에 결코 자신의 몸을 날릴 수가 없다. 사나운 짐승이 순간적으로 자신을 덮칠 때 제 몸을 반사적으로 피하는 것이 인간의 본능이 아니던가. 따라서 대통령 경호는 인간이 가진 반사신경까지도 조절할만한 그 무엇이 있지 않고서는 불가능하다고 할 수 있다. 그것이 무엇이겠는가.

'사랑'이다. 누군가를 위해 자신을 완전히 버릴 수도 있는 마음, 내 계획과 욕망도 망설임 없이 내려놓을 수 있는 '희생정신', 바로 사랑에서 나온다. 사랑 안에 두려움이 없고 온전한 사랑이 두려움을 내어 쫓는다고(요일 4:18) 하지 않았던가.

그렇다면 젊디젊은 그들이 어떻게 그런 사랑을 품을 수 있을까. 자신의 야망과 성공을 위해서라면 물불을 안 가리고 달려도 좋음 직한 그 시기에 어떻게 그들은 날마다 '죽을 각오'를 하며 하루를 시작하고 하루를 마감할 수 있는 것일까.

나는 이 비밀을 나의 육군 3사관학교 시절로 돌아가 찾을 수 있었다. 성공 신화에 취해 멈출 줄 모르는 열정으로 달리기하던 그 시절, 나는 인생의 방향을 바꿀 만한 '그 사랑'을 비로소 갖게 되었기 때문이다.

고등학교 졸업 후 나는 한동안 판검사의 꿈에 사로잡혀 산 적이 있었다. 지금도 그렇지만 당시 사회 분위기는 고시에 합격하여 판검사가 되는 걸 더더욱 큰 성공으로 간주하고 있었다. 나도 그 영향을 받아 열정과 집념으로 고시공부를 해내서 반드시 성공하리라 다짐하곤 했다.

문제는 성공에 대한 야망과 집념이 나 자신을 점점 독불장군처럼 만들어갔다는 데에 있었다. 어떻게든 입신양명하여 떵떵거리고 살면 그뿐이란 생각마저 들었다. 나 아닌 다른 사람의 삶을 돌아볼 여유나 이유가 점점 사라져 갔다고 해야 할까.

그러한 때에 나는 군 입대 영장을 받고 고민하다가 할머니의 권유로 현역 장군이셨던 친척 아저씨를 찾아뵙게 되었다. '육군 제3사관학교 중장기 발전계획' 마스터플랜을 주도하셨던 그분은 내게 "3사관학교에서 일정 기간 교육을 받고 장교가 되면, 대학 공부도 할 수 있고 직업군인으로도 성공할 수 있다"며 사병으로 입대하기보다는 3사관학교 입교를 강력하게 권하셨다.

"나도 6·25전쟁 당시 학도병으로 소집되어 불과 몇 개월 정도 장교교육을 받고 소위로 임관했지만, 열심히 노력한 결과 장군이 되었네."

그분은 "어디에서 무엇을 하든 자기가 노력한 만큼 거둘 수 있다"고 하면서 나를 설득하셨고, 나는 그분 말씀에 잔뜩 기대를 품고 영천에 위치하고 있는 3사관학교에 입교하게 되었다.

그런데 기대대로, 아니 기대 이상으로 그 학교는 내게 많은 걸 안겨 주었다. 학교 졸업 후 표창까지 받으며 2년간 전방 소대장으로 근무를 했고, 후방 생활을 하던 중에 국방부 전산 장교 모집에 응시하여 선발되는 복을 받았으니 말이다. 70년대 후반 정보화의 불모지인 우리나라에서 내게 컴퓨터를 공부할 수 있는 기회가 주어졌다는 거 자체가 놀라운 특혜였다. 게다가 야간에는 성균관대학교 경영행정대학원에서 EDPS 전산프로그램 과정 교육을 받으면서 주간에는 고려대학교 경영학과에 다니며 김동기 교수님으로부터 미래 정보화 사회 도래에 대한 준비와 비전에 대한 강한 도전까지 받는 복을 누렸다. 국방부 전산 장교로 선발되어 '국방정보사령부' 전산실 요원으로 근무하던 중, 청와대 인근에 위치한 정부 전자계산소에서 프로그램 보수 교육을 받다가 우연히 청와대란 곳을 보게 되어 청와대 입성의 꿈을 갖게 되었으니, 영천에 위치한 3사관학교는 내 인생의 방향을 잡아주고 내가 공직자로서 승승장구하는데 있어 마치 터보 엔진과 같은 중요한 역할을 했다고 할 수 있다.

하지만 그 시절에는 이와 같은 외적인 변화보다 더 중요한 변화들이 내게 생기기 시작했다. 그동안 누구도 가르쳐 주지 않았고, 그래서 깨닫지 못했던 인생의 목적을 비로소 알아가면서 내가 왜 성공을 꿈꿔야 하는지, 그리고 어떤 성공을 꿈꿔야 하는지를 스스로 깨우치게 된 것이다.

사실 3사관학교 입교 동기는 다분히 세속적인 의미가 컸다. 군 입대 일자를 받아 놓고 기왕 군대에 갈 거라면, 이등병보다는 장교로 시작하는 게 폼도 나고 군 생활도 편할 거라는 생각이었다.

그러나 막상 받은 교육 내용은 나의 생각과는 완전히 딴판이었다. 국가를 위한 충성과 부하 관리에 대한 기법, 이를 위한 솔선수범, 그리고 헌신, 상대방을 섬기고 배려하는 봉사정신, 그것이 내가 받는 장교 교육의 전부라 해도 과언이 아니었다. 아침 6시에 기상하여 저녁 10시까지 지·덕·체를 겸비한 장교 육성을 위한 고된 체력훈련 및 정신함양교육이 이어졌다. 그중에서도 소대장의 정체성에 대한 정신교육은 가히 압권이었다. 총알이 난무하는 전투 현장에서 "공격, 앞으로!" 외치며 전진하여 총알받이로 전사할 수도 있는 사람! 그가 바로 내가 해야 할 소대장의 역할이었다. 만약 소대장에게 그런 희생정신이 없다면, 그 소대는 살아남기 위해서만 싸우다가 자칫 적군의 앞잡이가 될 수도 있다. 전쟁의 목적은 '승리'에 있지, '생존'에 있는 게 아니다. 나라를 위해 내가 죽을 수도 있다는 자기희생이 없는 한, 조국에 승전보를 안겨주기란 쉽지 않은 일임을 깨달았다. 그것은 비단 전쟁과 같은 상황에서만 적용되는 일이 아니었다. 소대장에게는 마치 한 집안의 부모처럼, 대원 한 사람 한 사람의 안전과 생명까지 책임져야 할 의무가 있었다. 사리분별 못하는 자들에게는 분별력을, 두려움에 떠는 이들에게는 용기와 격려를, 나태함으로 전진하지 못하는 이들에게는 채찍을 줘야 하는 '감성 리더십'을 발휘해야 했다. '나를 알고 너를 알되, 너와 나의 관계를 잘 파악하여 상황에 적절 하게 감정을 표출함으로 신뢰와 자발적 참여를 이끌어내는' 최고의 리더십인 이 감성 리더십을 다니엘 골먼(Daniel Goleman)이 정리하여 주창하기도 훨씬 전인 3사관학교 시절에 이미 배우고 익히게 된 것이다. 즉, 철저하게 내가 죽고 상대방을 살리는 것에 초점을 맞춘 살신성인의 직책이 바로 소대장이었다.

이런 것을 배우면서 나는 성공에 대한 삶의 가치관을 재점검할 수밖에 없었다. 열심히 공부하고 훈련하여 장교가 된다면 소대원들 위에 군림하여 지시하는 자가 되는 게 당연하다고 여겼던 나였다. 따라서 밤낮없이 공부하여 바라던 성공을 이룬다면 으스대고 군림하는 것 정도야 당연하다고 여길 사람도 나였다. 그런데 3사관학교에서 생도 교육을 받고 보니 그게 아니었다.

'희생이 필요하구나. 높은 자리에 올라갈수록….'

권력이든 명예든 부든, 남들보다 더 많은 걸 갖게 될수록 희생해야만 했다. 만약 남다른 성취를 이룬 사람이 자신의 성공에만 취해서 '남들이야 어떻든 나만 좋으면 그만'이라는 식으로 자신을 뽐내고 누리는 데만 급급하다면 나는 영원히 기득권을 누리기 위해 사람들을 수단으로 삼는 야심가가 될게 뻔했다. 그렇다면 어떻게 해야 희생과 봉사로 점철된 소대장이 될 수 있을까. 아니, 어떻게 해야 희생할 줄 아는 성공한 사람이 될 수 있을까. 이에 대한 답은 어렵지 않게 찾을 수 있었다. 내가 늘 바라보던 예수님. 그분이 이 질문에 대한 답이고, 결론이었다.

그리스도께서도 단번에 죄를 위하여 죽으사 의인으로서 불의한 자를 대신하셨으니 이는 우리를 하나님 앞으로 인도하려 하심이라(벧전 3:18).

예수님은 죄인의 신분으로는 하나님께 갈 수 없는 우리를 거룩하신 하나님 앞으로 인도하시기 위해 우리 죄를 대신해서 죽기까지 하셨다. 우리 힘으로 갈 수 없는 하나님 나라에 우리를 들여보내시려고 그분은 우리의 죗값을 대신해 십자가에서 자신의 목숨을 초개처럼 버리셨다. 그것도 내가 아직 죄인이었을 때에 나를 위해 십자가에서 죽으심으로 나를 위한 하나님의 사랑을 확증해 보여주신 것이다(롬 5:8). 사랑한다면 희생할 수 있고, 그 희생이야말로 가장 값진 것을 이루게 한다는 사실을 예수님은 보여주셨다.

3사관학교에서 장교가 되기 위해 내가 받은 생도 교육을 성경 안에서 찾아 풀게 되면서 나는 나의 야심과 입신양명만을 위해 성공하리라던 생각을 멈추고, 희생하기 위해 성공하겠다는 새로운 생각의 출발점에 서게 되었다. 좋은 소대장이 되고 싶다는 소박한 소망에서 시작된 그 생각은 점차 하나님 나라와 내 조국을 위해 한 알의 밀알이 되고 싶다는 생각으로까지 뻗어나갔다.

그러자 나는 더욱 예수님을 바라볼 수밖에 없었다. 나 자신을 버릴 수 있는 참된 희생이란 결코 내 능력에서 나오는 게 아니기 때문이었다. 내 안에 계신 예수님, 그분이 나를 대신해서 사실 때, 내 이기심과 욕심을 압도하는 예수님의 사랑이 내 삶에서 흘러나올 때, 비로소 나는 나 자신을 희생할 수 있었다.

내가 그리스도와 함께 십자가에 못 박혔나니 그런즉 이제는 내가

좋은 연료를 주입하면 건강하게 달린다

인생의 목적을 희생과 결부시켜 깨달아가면서 내 인생은 더욱 힘 있게 달려갈 수 있었다. 흔히들 '희생'이나 '절제'라는 단어를 쓰면 모든 걸 포기한 채 힘없이 살아가는 이미지를 떠올리기도 하지만, 사실은 그와 정반대였다. 누구든 '희생을 위한 성공'을 꿈꾸게 되면 그 인생의 열정이 더욱 뜨거워진다는 걸 나는 경험적으로 알게 되었다.

그것은 마치 인생이라는 자동차에 좋은 연료를 주입한 것과 같았다. 사랑에서 비롯된 희생은 연소 후에 자기 과시와 같은 재를 남기지 않을 뿐더러, 양질의 열을 유발한다는 점에서 가장 좋은 질의 인생의 연료라 할 수 있다.

반면, 야망이라는 가짜 연료는 한동안 인생의 자동차를 빠르게 움직이게 하는 데는 무리 없어 보이지만 머잖아 자신과 주변을 파괴하는 오염물질을 엄청나게 많이 발생시킨다는 점에서 반드시 피해야 할 연료였다.

사관학교 생도 교육과정을 이수하면서 좋은 연료를 주입받은 나는, 하나님과 조국의 부르심을 위해서라면 죽음도 두렵지 않다는 각오를 다지기 시작했다. 내가 사는 이유, 내 인생의 진정한 목적을 찾게 되었기 때문이었다.

그때부터였다. 내 주변의 어려운 이웃들이 하나둘씩 보이기 시작했고, 내가 가야 할 곳, 내 손길이 미쳐야 할 곳들이 선명하게 보였다.

나는 더 많이 기도하지 않을 수 없었고, 더 많은 밤을 밝히지 않을 수 없었다. 공식 취침시간인 밤 10시가 되면 곯아떨어지는 동료들을 뒤로한 채 날마다 독서실로 가서 책과 씨름했던 것은 내 안에 타오르는 참된 성공에 대한 열정을 삭힐 수가 없어서였다. 효율적인 영어공부를 위해 밤에 잠을 잘 때도 이어폰으로 영어회화를 들으며 잠을 잤다. 볍씨 하나가 쓸모 있는 곡식 한 알이 되기 위해 봄부터 가을까지 여물어가는 몸짓을 포기하지 않듯이, 나 역시 쓸모 있는 사람이 되고 싶은 열정의 몸짓을 멈출 수가 없었던 것이다.

청와대경호실에 근무하던 시절, 아마도 나는 그때의 기억이 떠올라 경호원들을 보며 더욱 감동했는지도 모르겠다. 절체절명의 순간, 나를 버리기 위해 날마다 지·덕·체의 훈련에 임하는 경호원들의 이 희생 어린 태도야말로 하나님께서 그들에게 심어놓으신 예수님의 성품이요, 하나님의 뜻을 이루어가는 방법임을, 나는 사관학교 시절 이후 계속해서 확인하고 있었다.

4

예수님을
바라보자

기적은 믿고 바라보는 자의 몫이다

인생의 방향과 목적을 주님 안에서 재정비한 이후, 주님을 바라보는 게 더 큰 기쁨이 되었다. 훈련 도중 쉬는 시간마다 포켓성경을 꺼내 펼쳐 보았던 것은 말씀으로 오신 예수님을 대면하는 게 너무나 기뻤기 때문이었다. 예수님을 바라보면, 주의 말씀이 내 발에 등이요 빛이심을(시 119:105) 실감할 수 있었다. 앞으로 어떻게 살아야 할지, 아니 현재의 힘든 교육과정을 무슨 힘으로 감당해야 할지에 대한 모든 지침이 말씀 안에 다 들어 있었으니 말이다. 나는 말씀을 펼칠 때마다 예수님이 어두운 밤을 비추는 등불처럼 느껴지곤 했다. 인생의 해답이신 이 분과 함께라면 두려울 게 무엇이랴. 나는 주님을 바라보며 그렇게 고백하기를 주저하지 않았다. 그러던 중 갑자기 내 몸에 이상이 찾아왔다. 3사관학교 교육과정의 마지막 유격훈련을 앞두고서였다. 평소 동료들보다 늦게 자고 일찍 일어났던 나는 공부뿐 아니라 체력훈련도 열심히 하는 편이었다. 당시 나는 유도 공인 3단의 유단자로서 경북도 내 유도선수로 활동한 경력으로 단숨에 상대를 제압할 만한 체력과 기술을 갖췄기에 건강에는 늘 자신하고 있었다. 그런데 그만 2주간의 유격훈련을 앞둔 상태에서 오른쪽 다리를 들어 올릴 수 없는 지경에 이르고 말았다.

‘아, 주님, 어찌해야 합니까?’

군의관에게 진찰받은 결과 관절에 염증이 생겼다고 했다. 운동 도중 다친 무릎을 방치했던 게 화근이었다. 입원이 불가피했다.

‘이 상태에서 천리행군을 강행하면 어떻게 되지?’ 무거운 배낭을 짊어진 채 산을 넘고 계곡을 따라 천리행군을 떠나는 2주간의 유격훈련은 최적의 컨디션 상태에서도 겨우 감당할 법한 훈련이었다. 하물며 제대로 걸을 수조차 없고, 자유롭게 다리를 들 수조차 없는 상태에서 훈련을 나간다는 건 불 속에 뛰어드는 무모한 행동이라 할 수 있었다. 그렇다고 관절염을 핑계로 유격훈련을 포기할 수도 없었다. 유격훈련만 마치면 소위로 임관되는데, 마지막 훈련을 앞두고 지금까지의 모든 과정을 물거품으로 만들어 버릴 수는 없는 노릇이었다.

주님께 간구하는 일 외에 할 수 있는 게 없었다. 나는 간절히, 너무도 간절히 기도를 드렸다.

"하나님, 제가 지금 여기서 포기하면 지금까지 교육받은 게 헛것이 됩니다. 하나님, 저는 가야만 합니다. 하나님도 아시잖아요? 저를 낫게 해 주세요. 하나님의 능력으로 제 다리를 고쳐주세요."

훈련을 앞둔 며칠 동안 나는 다리를 붙잡고 간절히 기도하고 또 기도했다. 다리 상태는 차도를 보이지 않았지만 주님을 바라보며 날마다 기도하는 걸 멈출 수가 없었다. 그만큼 예수님께서 치유하여 주시는 것 외에는 방법이 없었다. 이윽고 유격훈련을 떠나는 당일이 되었다. 군의관도 이 상태로는 무리라고 했지만, 훈련을 포기할 수 없었던 나는 완전군장을 갖춰 대열에 합류했다. 그리고 마지막으로 내 다리를 붙잡고 마음속으로 간절히 기도했다.

"하나님, 이제 제 다리를 하나님께 맡깁니다. 하나님께 구했으니 응답해 주실 줄 믿고 이제 전진합니다."

나의 고백은 진심이었다. 그 기도를 끝으로 나는 다리의 상태나 통증에 관심을 두지 않았다. 간절히 기도했으니 이제는 모든 걸 하나님께 맡기면 그만이었다. 나는 하나님을 바라볼 뿐, 내 다리를 바라보지 않기로 했다. "병든 자에게 손을 얹은즉 나으리라"는 말씀을 믿었고, "지금 당장 낫지 않아도 반드시 나을 줄 믿습니다!"는 믿음으로 이미 나은 다리를 바라보며 힘차게 전진했다.

그러므로 내가 너희에게 말하노니 무엇이든지 기도하고 구하는 것은 받은 줄로 믿으라 그리하면 너희에게 그대로 되리라(막 11:24).

연병장에서 완전군장으로 유격훈련 출발 신고를 한 후로 2주 동안 급박한 시간들이 펼쳐졌다. 산을 넘고 계곡을 따라 우리는 온갖 종류의 PT체조와 가공할 만한 장애물 코스훈련, 수상 담력, 헬기레펠, 도피 및 탈출훈련 등 각종 유격훈련 코스를 모두 소화해내야 했다. 다른 모든 동료들과 더불어 나 역시 한 코스 한 코스를 넘어서는 게 쉽지 않았다.

그러나 놀라운 것은 그 모든 훈련을 이겨내는 게 쉽지는 않았지만 불가능하지도 않았다는 점이었다. 언제나 그랬듯이 나는 과정 과정마다 주님과 함께하며 주님을 바라보았다. 2주 후, 긴박했던 순간들을 마친 뒤에 우리는 유격훈련 출발 신고를 했던 연병장으로 다시 돌아왔다. 도피 및 탈출 훈련 중에 이탈하거나 유격훈련 중도에 포기한 몇 명은 결국 수료하지 못했지만, 나는 무사히 귀환 신고를 끝낼 수 있었다. 그러자 문득 한 가지 사실이 떠올랐다.

'아, 참! 내 다리가 어떻게 됐지?'

나는 무려 2주 동안이나 아픈 다리의 상태를 완전히 잊고 있었다. 출발할 때 까지만도 너무나 심했던 다리 통증이 어떻게 출발과 동시에 아프다는 사실조차 까맣게 잊을 만큼 나을 수 있었는지 신기하기만 했다.

그 후 내 다리는 전혀 이상 없이 건강하게 활보하고 있었다. "기도하고 구한 것은 받은 줄로 믿으라"는 하나님 말씀의 약속대로 관절의 염증이 100퍼센트 깨끗이 치료되었던 것이다. 그때 나는 확신할 수 있었다. 하나님을 바라보되 100퍼센트 신뢰하며 살아가는 자녀들에게 하나님께서는 가장 좋은 응답을 주시는 분이시란 걸. 그래서 하나님을 바라보며 기도하는 사람들은 당장 응답이 되었든 안 되었든 평안하게 삶을 살아갈 수 있는 것이다. 기적은 간절히 기도하고 기도한대로 이뤄진 것을 믿고 바라보는 자의 몫이라는 기도의 비밀을, 나는 그 시절에 그렇게 체험했다.

온전하게 맡겨라

진짜 기적을 체험하고 나면 온전히 하나님께 맡기고 바라보게 된다. 왜냐하면 기적은 전적으로 하나님께 속한 것이기 때문이다. 기적이 무엇인가. 우리 인간의 이성과 지성, 상식과 이치로 설명될 수 없는 초자연적이고 초월적인 체험이 바로 기적이다.

그래서 나는 자연에 속해 살면서도 초자연적인 기적을 체험하는 일이야말로 하나님께서 주신 최고의 선물이라 믿는다. 기도하면 될 거라 믿어지고, 또 그 믿음대로 이루어지는 일이 어떻게 가능하단 말인가.

나는 이러한 사실을 신기해하면서도 그렇게 살아가는 나 자신을 보곤 한다. 3사관학교에서 교육을 받던 시절에 관절염이 낫는 일을 겪은 뒤부터는 병자들을 볼 때마다 기도할 생각부터 나니 말이다. 아니, 더 정확하게 말해서 아픈 이들을 보면 하나님을 주목해서 바라보지 않을 수 없다. 때로는 눈물로 기도하고, 때로는 담대하게 기도한다. 그러다 때로는 즉시 병이 나을 때도 있고, 때로는 10년간의 기도 끝에 병이 낫는 일도 있다. 때와 시기는 알 수 없지만, 삶의 고통과 어려움 앞에서 우리가 할 수 있는 최선의 태도는, 하나님을 바라보며 기도하고 기도하는 그 순간에는 낫지 않아도 분명히 낫는다는 믿음으로 하나님께 맡기고 이미 나은 모습을 감사한 마음으로 바라보는 것이다.

청와대 선교회 일로 한창 바쁘게 사역하던 10년 전 어느 날에도, 하나님께서는 나의 그런 확신에 고개를 끄덕여주신 일이 있었다.

그날 나는, 느닷없이 찾아온 친구의 방문을 받았다. 내가 청와대에 근무한다는 소식을 듣고 기쁜 마음으로 청와대까지 와서 면회를 신청한 그 친구는 어딘가가 불편해 보였다. 아니나 다를까. 차 한 잔을 마신 뒤, 친구는 약부터 꺼내 먹었다.

"왜? 너 어디 아프냐?"

나의 물음에 친구는 '담석'이라고 했다. 담석이라면 산모의 고통처럼 심하게 아픈 병이 아닌가. 고통 때문에라도 하루 빨리 수술을 받아야 할 텐데 왜 그러고 있느냐고 친구에게 물었다.

"고려병원(현 강북삼성병원)에서 진찰받았는데 입원실이 꽉 차 있어서 당장은 수술이 어렵대. 그래서 다음 주 수요일에 입원해서 수술받기로 했어.”

통증으로 고통스러운 상황에서 1주일을 기다려야 한다니, 나는 3사관학교 시절에 느꼈던 관절염의 고통이 되살아나는 듯해서 잠시 하나님께 기도를 드렸다.

“주님, 이 친구의 담석을 고쳐주세요.”

마음속으로 그렇게 기도하는데 친구에게 복음부터 전해야겠다는 생각이 강하게 들었다. 치료가 누구로부터 시작되는지, 우리의 생사화복을 주관하시는 분이 누구인지를 아는 것이 모든 기적의 출발점임을 친구에게 알려줘야 했다.

“야, 너 그렇게 아픈데 아무래도 안 되겠다. 널 위해서 기도해야겠어.”

기도한다는 말에 친구는 별 거부반응을 보이지 않았다. 떠오르는 태양을 보면서도 기도하고, 달을 보거나 돌탑을 보면서도 기도하는 게 우리 민족의 정서이기에 ‘기도’라는 말에 별 거부감이 없는 게 당연했다.

“그런데 기도하더라도 누구에게 기도하느냐가 중요해. 널 고칠 수 있는 분, 너를 지으시고 네 몸을 너보다 더 잘 아시는 분, 너를 위해 이 세상 천지만물을 창조하시고 운행하시는 전지전능하신 하나님께 기도해야 한다.”

교회라고는 한 번도 나가본 적 없는 그 친구를 향해 나는 예수님을 소개하기 시작했다. 그리스도로 오신 예수님께서 각색 병든 자와 중풍병자, 앉은뱅이까지 일으키셨다는 사실을 한참 동안 전한 뒤, 이참에 그 예수님께 같이 예배드리러 가는 게 어떻겠냐고 제안했다.

구원 받기를 바라는 나의 진심어린 사랑을 친구도 느꼈던 걸까. 아니면 워낙 절박하게 권하는 내 요청을 차마 거절할 수 없어서였을까. 그 친구는 "같이 교회에 가자"는 말에 알겠다며 무심히 고개를 끄덕였다.

주일이 되자 나와 그 친구는 여의도순복음교회 예배에 함께 참석했다. 나는 자리에 앉자마자 하나님께 간절히 기도했다.

"하나님, 당신을 알지 못하는 친구를 데리고 나왔습니다. 부디 불쌍히 여겨주셔서 이 친구를 구원하시고, 아픈 병도 주님의 이름으로 고쳐주셔서 구원자요 그리스도요 치료자이신 예수님을 만나게 하여 주시옵소서."

그 당시 나는 믿음이 한참 충만했던 때라 기도한 대로 응답하신다는 하나님의 말씀 그대로를 믿고 친구에게 말했다.

"너, 오늘 하나님께서 고쳐주실 거야. 하나님은 죽은 자도 살리시고, 없는 것도 있는 것 같이 부르시는 분이시거든. 너 오늘 한번 봐라. 틀림없이 조용기 목사님이 설교를 마치신 다음 병자를 위한 신유기도 시간에 너에게 치유의 은혜가 임할 거야. 반드시 낫는다는 간절한 마음의 소망을 가지고 기도해야 된다. 알았지?"

교회에 오기 전, 아내와 딸아이 은혜에게 이미 친구 이야기를 하며 영적 작전을 짜뒀던 터라 그 친구를 아내와 딸아이 사이에 앉혀서 중보기도를 받게 했다. 당시에 나는 남선교회 외국인 안내 봉사 직분을 맡고 있어서 성전 봉사 임무를 수행하면서 계속 기도를 드렸다. 친구는 좌우 옆에 앉은 이가 내 가족인 줄도 모른 채, 처음 보는 교회의 풍경에만 정신을 두고 있는 듯했다.

이윽고 예배가 시작되고 말씀 선포와 찬양이 이어졌다. 그리고 치유기도 시간…. 나는 성전 봉사 중에도 친구에게 달려와 계속 기도를 드렸다. 그런데 병자들을 위해 기도하시던 목사님이 갑자기 이렇게 선포하셨다.

"오늘 담석 때문에 우리 교회에 오신 분이 있습니다. 예수님께서 그 병을 고쳐주셨습니다. 그 사람은 자리에서 일어나세요."

할렐루야! 나는 목사님의 선포를 듣자마자 내 친구에게 주시는 하나님의 치유의 약속 말씀이 믿어졌다.

"야, 방금 목사님이 너 얘기하셨잖아. 너 나았대. 예수님이 고쳐주셨대."

나의 흥분된 억양에도 친구는 어안이 벙벙한 표정만 지을 뿐, 별다른 감동을 나타내지 않고 있었다. 나는 순간적으로 친구의 팔을 잡고 일으켜 세우면서 목사님께서 선창하시는 영접기도를 따라하도록 시켰다. 기도를 따라 한 후 자리에 앉은 친구는 내게 이렇게 말했다.

"너 혹시 저 목사님한테 나에 대해 미리 얘기한 거 아냐?"

친구는 내가 청와대 공직자로서 제법 이름 있는 자리에 앉아 있으니 목사님과도 미리 사적인 얘기를 나누었을 거라고 말했다. 나는 어이가 없었지만 그냥 웃어넘겼는데, 친구는 예배가 끝난 후에도 나에게 계속 확인을 했다. 정말로 목사님한테 자신의 이야기를 하지 않았느냐는 것이다.

그런데 예배를 마치고 점심시간에 함께 식사를 한 후 여기저기 다니던 중에 친구가 문득 이런 얘기를 해왔다.

"야, 대준아! 그러고 보니까 이상하다. 아까 12시에 약을 먹어야 하는데 깜빡 잊고 약을 안 먹었거든. 그런데 지금 하나도 안 아프네?"

친구의 말에 나는 "할렐루야"를 외쳤다.

"그것 봐라. 내 뭐라든? 너 이미 나음 받았다니까!"

확신에 찬 나와 달리, 여전히 아무 말이 없는 친구를 위해 나는 교회 서점에 들어가 양 무리를 안고 있는 예수님의 동판 액자를 구입해서 친구에게 선물로 안겨줬다.

"이 그림처럼, 너는 오늘 예수님의 품에 안긴 한 마리의 어린 양이 되었다. 축하한다. 이제부터는 날마다 예수님께 이렇게 기도를 해 봐."

예수님의 은혜를 입었으니 이제 날마다 주님을 바라보라는 얘기와 함께 구체적으로 어떻게 기도해야 하는지에 대한 지침을 알려주기 위해 직접 기도문까지 작성해 주었다.

"너는 예수님께서 이미 고쳐주셨어. 그러니까 이제부터 '내 병은 이미 치유 받았다! 감사합니다! 할렐루야!' 하고 치유 받은 사실을 너 입술로 선포하는 거야! 알았지?"

집으로 향하는 친구의 등 뒤로 나는 다시 한 번 그렇게 외쳐댔다.

그날 저녁, 계속 그 친구가 생각났다. 전화를 걸어 내가 써 준 대로 기도드렸는지 확인하고는 직접 기도도 해 주었다. 그러고서도 매일 밤마다 전화를 걸어 기도하고 있는지 확인하며 함께 기도를 해 주었다.

그렇게 3일 차가 되던 날, 한참 근무하고 있는데 그 친구의 흥분된 목소리가 전화기를 타고 들려왔다.

"야, 대준아! 빠졌다, 빠졌어."

“어? 뭐가? 뭐가 빠졌어?”

“담석이…. 담석이 빠졌어!”

“뭐? 그게 어떻게 된 일이냐?”

이번엔 내가 어안이 벙벙해서 물었다.

“오늘이 입원하는 날이잖아. 그래서 수술을 앞두고 소변을 보는데 담석이 소변에 섞여 나왔어!”

얼마나 뛸 듯이 좋아하던지 그 친구는 소변과 같이 빠져 나온 담석을 비닐봉지에 담아 곧바로 청와대 앞의 약속한 식당 대송(한정식집)으로 달려왔다. 나는 이러한 기도 응답 현장을 혼자 보기가 아까워서 전도도 할 겸 같이 근무하는 직원 몇 명을 데리고 가서 신출내기 성도의 간증을 듣게 했다. 정말 놀라웠다. 하나님께서 그 친구를 위해 통증이 사라지게 하셨을 뿐 아니라, 하나님께서 하셨다는 구체적인 증거까지 완벽하게 보여주셨으니 이 얼마나 놀라운 일인가. 그 친구는 이 기적을 체험한 후, 그 다음 주부터 교회에 나와서 나와 함께 남선교회 봉사를 시작했다.

놀라운 것은 그 후에도 나는 이런 기적들을 종종 목격했다. 하나님께서는 본인의 믿음이든, 혹은 친구의 믿음이든, 주님을 믿고 바라보는 자의 기도를 들으시고 반드시 응답하시는 분이심을 그렇게 보여주고 계셨다.

“너는 이런 기적이 내게 속해 있다고 믿느냐?” 예수님께서 이렇게 물으실 때 “네, 저는 주님께서 능치 못함이 없으신 분이시며 살아계신 하나님 아들이심을 믿습니다”라고 답하면서 주님만을 온전히 신뢰하고 바라보는 자를 하나님은 의롭다 말씀하신다. 의롭다하실 뿐 아니라 하나님의 표적을 나타내 보여주시기까지 하신다.

2천 년 전에 이 땅에 오신 예수님께서는 이미 말씀으로 기적을 예비하여 두셨다. 그 예수님을 믿고 바라보면 하나님께서는 그것을 의로 여기시고 우리에게 기적을 베푸신다. 그리고 그 기적을 체험한 자는 복음을 전하지 않을 수 없게 된다.

나 역시 청와대 근무 20년 동안 복음을 전하는 데에 온 사력을 다했던 것은 그 예수님께서 내게 베푸신 은혜와 사랑이 그토록 엄청났기 때문이었다. 주님께서는 당신을 신뢰하며 믿음으로 부르짖고 바라보는 자에게 우리가 생각하지도 못하고 꿈 꿔 보지도 못했던 일까지도 이루시고 응답해 주시는 분이셨다.

나의 하나님이여 내가 주의 뜻 행하기를 즐기오니
주의 법이 나의 심중에 있나이다 하였나이다

_시 40:8

기적은 하나님의 영역이다

1

내가 죽어야
기적이 일어난다

예배가 생명이다

"야 이 XX야, 네가 그럴 수가 있어? 암만 그래도 말이지 내가 가는데, 네가 감히 이 자리에 늦게 오는 게 말이 돼? 이 예수 꼴통아!"

청와대 신우회 예배를 드린 후 서둘러 송별식 겸 환영 회식자리에 뛰어갔지만, 퇴임을 앞둔 나의 직속상관은 만취한 채로 나를 노려보고 있었다. 단단히 벼른 듯한 표정이었다.

"죄송합니다. 날짜가 겹치는 바람에 저도 어쩔 수가 없었습니다."

"뭐? 그걸 말이라고 해? 이 예수 꼴통 같은 XX야!"

욕설이 난무하면서 회식자리에 있던 모든 이들의 시선이 일제히 내게로 향했다. 내가 한마디만 저항을 해도 그 자리가 곧 싸움판이 될 분위기였다.

'예수님…'

변명이라도 할까 하다가 잠시 호흡을 고르며 마음을 진정시켰다. 청와대 기독신우회를 창립한 이후부터 들었던 '예수 꼴통'이란 소리가 싫은 게 아니었다. 두 시간 전만 해도 예배에 다녀오라고 했던 그 상관이 술기운에 휘둘려 자신의 추한 뒷모습을 보인다는 게 너무나 안타까웠다.

그 자리는 내가 근무하는 부서의 현직 부서장이 떠나고 새로운 부서장이 부임하는 상견례를 겸한 송별 회식자리였다. 공식적인 자리는 아니었지만 청와대 통신을 총괄하는 부서의 모임이었기에 팀장 이상의 간부들이라면 모두 참석해야 했고, 나 또한 직책상 회식 업무까지 총괄하는 서무부장의 자리에 있어서 참석하지 않을 수 없는 처지였다. 하지만 바쁜 청와대 근무를 하다보면 부서 전체 간부가 모이는 날짜를 잡는다는 게 쉽지 않았다. 그래서 처음엔 신우회 예배와 겹치지 않도록 날을 잘 잡았는데, 갑자기 대통령 행사가 잡히면서 회식 일정이 연기되었고, 이 취임식이 임박하다보니 송별 회식 일정이 청와대 신우회 월례예배를 드리는 날과 겹쳐 버렸다.

'아~ 주님! 이럴 때는 어떻게 해야 합니까?'

직장생활을 하는 크리스천들은 이런 고민을 할 때가 많다. 회식자리는 저녁 7시. 예배드리는 시간과도 정확하게 일치했다. 중요한 회식자리니 만큼 하루쯤 예배에 빠지면 어떠랴 싶겠지만, 신우회 예배가 있는 요일마다 중요한 공직자 모임이나 회식자리는 얼마든지 겹칠 수가 있었다. 그러나 예배를 총괄하는 신우회장이 예배에 빠진다면, 어떻게 신우회원들에게 예배에 빠지지 말라고 말할 수 있으랴! 나는 신우회를 창립하고 첫 예배를 드릴 때부터 하나님께 서원하듯 약속을 드렸었다.

"주님, 제가 어떤 경우에도 예배를 생명처럼 지키겠습니다."

뿐만 아니라 예배 때마다 회원들에게도 "우리가 청와대 근무를 마치고 떠나는 마지막 순간까지 그 어떤 경우에도 신우회 예배에 빠지지 말자!"고 강조해 왔었다. 바쁘게 돌아가는 업무와 일정을 핑계로 예배에 한 번 빠지고, 두 번 빠지다 보면 신우회 예배는 유야무야 사라질 게 불보듯 뻔한 일이기 때문이었다. 또한 청와대 신우회를 창립한 후 하나님의 이름으로 공식적인 예배를 드리기까지 숱한 눈물의 기도를 생각하면 예배만큼은 절대로 포기할 수가 없었다.

그래서 나는 송별 회식 준비를 완료한 후에, 떠나게 될 직속상관과 새로 부임하실 상관을 찾아가 정중하게 말씀드렸다.

"처장님, 오늘 예정된 송별 환영 회식 준비는 차질 없이 완료했습니다. 그런데 공교롭게도 그 시간에 신우회 예배가 있습니다. 제가 회장이니 예배를 마친 다음 8시 30분쯤에 참석하도록 하겠습니다."

"그래? 꼭 그래야만 하나?"

"죄송합니다만, 제가 예배를 주관하는 회장이라 어쩔 수 없습니다."

나의 분명한 태도에 두 분 모두 "알겠다"며 허락을 해 주셨다. 공식적인 근무시간도 아니었고, 또한 회식을 위한 모든 준비를 다해놨으니 내가 좀 늦게 간다고 해서 별로 문제 될 것은 없었다. 그래서 나는 청와대 예배를 드린 뒤 긴장된 마음으로 그 자리에 뛰어가면서도 크게 걱정하지 않았다. 그런데 예배를 드리는 1시간 30분 사이, 두 분 처장님의 마음이 왜 그리 완악해지셨는지 모를 일이었다. 특히 곧 떠나게 될 처장님은 모든 서운하고 분한 마음의 화살을 내게로 향하고 계셨다.

"너 말이지, 아무래도 안 되겠어. 이거 완전히 위계질서가 무너진 거 아냐? 너 윗선에 보고해서 징계를 주든지 잘라버리든지 해야겠어!"

자리에서 일어나 핏대를 세워가며 삿대질까지 하던 상관은 급기야 내 멱살을 잡은 채 문 밖으로 나를 끌고 나갔다. "야~ 이놈, 가자! 내가 오늘 너를 가만두지 않겠어. 실장님한테 데리고 가서 보고해야겠어."

"처장님, 왜 이러십니까? 제가 잘못했습니다! 좀 참으십시오! 정말, 제가 잘못했습니다!"

순식간에 나를 끌고 밖으로 향하는 상관을 보면서도 감히 누구 한 사람 나와서 말린다는 것은 엄두도 낼 수 없는 분위기였다. 그 당시에 경호실 조직의 상명하복과 위엄은 그토록 엄했다. 100미터, 200미터, 300미터…. 그 상관은 나의 멱살을 잡고 수백 미터 거리에 있는 경호실장 관사로 향했다. 나의 무례함을 알려서 버릇을 고치겠다는 뜻이었다. 눈이 뒤집힌 모습으로 혀까지 꼬인 채 고함을 치며 나의 덜미를 잡아 끌고 가는 상관을 보고 있자니, 두렵다거나 창피하고 부끄럽다기보다 애처로운 마음이 앞섰다. 그 영혼이 너무도 불쌍하게 느껴졌다.

'주님, 이 분을 불쌍히 여겨 주시옵소서….'

이 기도가 마음속에서 뜨겁게 흐르자 나는 어떤 항변도 하지 않은 채 그 상관을 위한 기도를 드리는 데 집중했다. 그런데 갑자기 나를 붙잡고 경호실장 공관 가까이 도달한 상관이 맥이 빠진 듯한 표정을 짓더니 잡고 있던 멱살을 슬그머니 놓았다.

"이 예수 꼴통 XX야! 내가 오늘 너를 가만두지 않으려고 했는데….”

혼잣말처럼 중얼거리며 잠시 씩씩거리던 상관은 나를 그 자리에 놔둔 채 어딘가를 향해 갔다. 어둠이 짙게 내린 그날 밤, 술에 취한 그 상관은 어둠 속에서 비틀거리며 그렇게 내 시야 너머로 사라졌다.

그러자 나를 위해 십자가에서 피 흘려 대속하여 주신 갈보리 십자가가 어둠 속의 빛처럼 내 마음에 떠올랐다. 나 자신을 못 박아 죽일 때, 하나님의 능력과 기적이 나타나는 그 십자가를 바라보느라 나는 한참 동안 그 자리를 뜰 수 없었다.

두 가지 기근을 해결하라

1990년, 청와대전산실 프로그램개발 팀장으로 선발되어 그곳에 처음 들어갔을 때만 해도 청와대에서 예배를 드릴 수 있을 거라고는 상상조차 하지 못했다. 때는 바야흐로 6공화국 초기라, 권력의 심장부로 상징되는 청와대 안에서는 너나 할 것 없이 자기 종교를 밝히는 일조차 금기시하던 분위기였으니까….

그러나 정작 나는 청와대 근무를 시작하면서부터 이곳저곳을 누비며 감사기도를 드렸다.

"하나님! 10년 전 청와대를 처음 보던 날, 하나님께 드렸던 기도를 그대로 응답해 주셔서 너무나 감사합니다."

사실 그대로였다. 나는 청와대 들어가기 10여 년 전인 1979년, 청와대 앞에 위치한 정부전자계산소에서 전산 프로그램 보수교육을 받던 중에 청와대란 곳을 우연히 처음 보게 되었고, 나도 모르게 이렇게 기도했었다.

"하나님, 언젠가 저 청와대 안에 전산실이 창설되게 되면 제가 청와대에 근무할 수 있도록 길을 열어 주십시오."

고백하건데, 내가 청와대 근무를 꿈꾸며 바라보고 소원기도를 드릴 당시, 프로그래머로서의 내 수준은 전산직능 공직자 중에서도 중하위 수준에 불과했다. 아마도 누군가가 그때의 내 기도를 들었다면, "말도 안 되는 소리하고 있네! 너 주제에 어떻게 청와대 근무를 할 수 있겠어"라고 조롱했을 게 분명할 터였다.

그런데 놀라운 것은 내가 청와대 앞에서 그런 기도를 드린 이후, 나의 내면에서 변화가 시작되었다는 점이었다. 그 이전의 나는 프로그램 교육을 받으면서도 기초가 취약하다는 열등감 때문에 수업시간에 집중이 잘 되지 않았었다. 초등학교 2학년 1학기 이후 가정형편상 초등학교도 제대로 다니지 못했고, 중학교도 고아원을 빨리 벗어나고 싶은 마음에 검정고시를 치르려고 이곳저곳 다니며 발버둥 치느라 정상적인 학교 수업을 받은 날이 별로 없었다. 고등학교 역시 야간부를 다녔기에 주간 고등학교를 다닌 학생에 비하면 기초가 취약할 수밖에 없었다.

그런데 청와대전산실 창설을 놓고 기도하며 청와대에 대한 비전과 꿈이 내 마음에 들어온 이후부터는, 기초가 부족하거나 프로그램이 내 적성에 맞지 않는다는 것은 핑계에 불과하다는 생각이 들었다. 그러자 '나는 능력이 부족해서 안 돼!'라는 나 자신이 쳐놓은 생각의 올무에서 빠져나올 수 있었다.

그때부터 하나님께서는 내 마음의 소원을 이뤄주신다는 확신과 지혜를 부어 주셨고, 나는 그 확신 속에서 할 수 있는 한 최선을 다해 노력했다. 나는 마치 얼마 안 있어 청와대 안에 전산실이 창설되고, 내가 그 안에서 근무할 것이 기정 사실인양 바라보며 모든 준비를 해 나갔다. 당시 나의 프로그램 능력은 대한민국 전산직능 공직자 중에서 중간도 되지 않을 정도로 형편없었지만, 그 이후에는 실력 향상을 위해 밤낮 없이 공부했다. 또한 언젠가 청와대에 근무할 그때를 대비하여 청와대 공직자로서의 품행과 자질을 갖춰 나가는 데에도 온 힘을 쏟았다.

그리고 4년 후, 하나님께서는 내가 국방부에서 선발한 컴퓨터 석사과정 미국 유학시험에 당당히 합격함으로써, 앞으로 내가 청와대 전산실에 근무하는 데에 부족함 없이 실력을 쌓을 수 있도록 나의 길을 활짝 열어 주셨다. 또한 귀국 후 육군본부 전산처에서 전산 장교로 근무하던 중에 청와대전산실이 창설되었다는 기적 같은 소식과 아울러, 내가 그 전산실의 프로그램개발 팀장으로 선발되어 청와대에 들어가도록 인도해 주셨다.

이런 기적 같은 일들이 있었기에 나는 청와대 근무를 시작하는 순간부터 나를 청와대로 파송하신 하나님께 기도를 하지 않을 수 없었다.

"하나님, 하나님께서 제 걸음을 인도하셔서 이곳으로 보내신 것을 저는 확실히 믿습니다. 그렇다면 저를 이곳까지 보내신 하나님의 계획과 목적이 무엇입니까?"

요셉을 애굽의 왕궁에 보내신 것도 그를 통해 애굽과 이스라엘을 기근으로부터 구원코자 하시는 하나님의 섭리가 있었듯이, 내 걸음을 이곳까지 이르게 하신 데에는 하나님의 목적과 뜻이 있음을 나는 확신했다.

책상 위에 볼펜 하나, 길가에 핀 들꽃 한 송이도 그 목적과 뜻을 이룰 때 가장 아름다운 생을 살았다 할 수 있듯이 나를 향한 하나님의 뜻, 즉 내가 청와대 근무하면서 반드시 행해야 할 나의 사명을 알고자 간절히 기도드렸다.

나는 무엇보다 하나님께서 나를 통해 해결하고 싶어 하시는 이 땅의 기근이 무엇인지를 알기 원했다. 그래서 청와대 업무에 최선을 다하는 중에도 하나님의 뜻을 파악하려고 영적인 더듬이를 곤두세웠다. 그러자 조금씩 하나님의 뜻에 대한 윤곽이 잡혀 갔다.

그 첫 번째는 그 당시에 청와대 내 모든 업무가 전산화되지 않아 수

작업으로 처리되었는데, 업무 프로그램을 개발하여 각종 업무를 자동화시키는 것이었다.

당시의 청와대는 마치 정보화의 불모지와 같았다. 때문에 나는 향후 IT 강국 대한민국을 바라보며 청와대를 최첨단 IT 밸리로 만들기 위해 청와대 업무자동화 프로그램을 개발하는 것이 내가 감당해야 할 첫 번째 사명으로 생각했다. 이 일을 잘 감당하는 것이 하나님께 영광을 돌리는 일이요, 대한민국 공직자로서 가야 할 길이라고 생각했다. 프로그램개발 팀장에 불과했던 내가 훗날 정보통신처장, 초대 행정본부장을 거쳐 경호실의 2인자인 경호차장까지 승진하게 된 것도 나의 달란트인 정보기술(IT)을 경호시스템에 접목하여 청와대 경호체계를 'IT 기반의 유비쿼터스 경호시스템'으로 발전시키는 데 일조했기 때문이었다. 즉, 대한민국을 IT 강국으로 만드는 비전을 품고 내가 반드시 이루어야 할 나의 사명으로 생각하며 내가 할 수 있는 한 최선의 노력을 다할 때, 가장 늦게 신설된 작은 전산실의 프로그램개발 팀장에 불과했던 내가 경호실의 2인자인 경호차장까지 승진할 수 있었던 것이다.

두 번째로 하나님께서 원하시는 것은 영적인 기근의 해갈이었다.

청와대 안에서는 하나님을 경배하고 찬양하며 하나님 말씀이 선포되는 모습을 눈 씻고 찾아도 볼 수 없었다. 대한민국의 초대 대통령이 장로였고, 이미 청와대 안에 많은 크리스천들이 근무했지만, 청와대 안에서 공식적인 예배는 불문율처럼 금지되어 있었다.

이상한 일이었다. 석가모니나 공자 이야기, 심지어 무당에게 점을 보는 일까지도 상식적이고 일상적인 일로 여기면서, 하나님이나 예수님이란 단어를 입에 올리면 모두들 경거망동이라도 한 사람처럼 눈을 흘기며 쳐다보았다. 예배를 드리자고 말하면, 청와대의 돌아가는 분위기 판단도 못하는 어리석은 사람 취급을 하면서 아예 나를 슬슬 피하고 꺼려하는 직원들이 대부분이었다.

당시, 밤마다 산 기도를 다니며 "주님, 저를 청와대에 보내신 당신의 뜻이 무엇입니까?"라고 기도하던 내게 이 땅의 영적 기근을 안타까워하시는 하나님의 뜻이 전해져 왔다. 이 나라와 이 민족을 사랑하시는 하나님의 마음이 대한민국의 심장부인 청와대 안에서 철저히 외면당하고 있다니…. 가장 영광 받으셔야 할 하나님의 이름이 수치의 대명사처럼 취급받는다는 사실 앞에서 마음이 찢어지는 듯했다.

내가 복음을 부끄러워하지 아니하노니 이 복음은 모든 믿는자에게 구원을 주시는 하나님의 능력이 됨이라(롬 1:16).

복음은 결코 부끄러워 할 일이 아니었다. 바울의 고백처럼 복음은 하나님을 믿는 자에게 구원을 주시는 하나님의 능력이 아닌가. 그 구원의 능력을 모르기 때문에 사람들은 예수의 이름을 부끄러워하고, 하나님의 이름을 망령되이 부르는 것이다. 우리 모두가 그 하나님의 영광스런 이름을 알고 체험하며 그분 앞에 엎드릴 때, 이 나라 이 민족은 열방을 향한 축복의 통로로 쓰임 받게 될 것이다.

이런 세상을 꿈꾸면서 나는 주님 앞에 복음의 전령사로 살겠다고 결단했다. 사도 바울처럼 복음을 부끄러워하지 않으며, 그 복음의 능력대로 살아가는 자가 되기를 기도했다. 그러자 하나님께서 내 심장에 사도행전 20장 24절 말씀을 새겨주셨다.

이제 더 이상 망설이며 두려워 할 아무런 이유가 내게 없었다. 주님의 은혜의 복음을 증언하기 위해 내 생명까지 버릴 수 있다는 고백을 주님께 드린 이 마당에, 내가 더 이상 무엇을 주저하겠는가.

청와대에 들어간 이후 몇 개월 동안 산 기도를 다니며 복음에 생명을 걸고 살겠다고 서원했다. 나라와 민족 복음화를 위해, 또한 이 땅에 올바른 공직자들이 세워지도록 기도하며 예배드리는 '청와대 기독신우회'를 향한 꿈은 그렇게 해서 시작되었다.

대한민국 건국 당시 경무대를 청와대로 명명하며 역사를 이어오는 동안, 많은 크리스천들이 청와대 근무를 거쳐 갔고 고위층 중에서는 목사님을 초빙하여 한두 차례 예배를 드린 적은 있었으나 공식적으로 청와대 기독신우회가 조직된 것은 그때가 처음이었다.

2

말씀은
기적을 창출하는 발전소이다

청와대 기독신우회는 이렇게 창립되었다

청와대에 들어간 1년 뒤, 하나님께로부터 사도행전 말씀을 받으면서 청와대 역사상 최초로 '청와대 기독신우회'라는 조직을 창립했다.

시작은 말 그대로 미약했다. 내놓고 예배드릴 수 있는 여건도 안 되어 있었고, 함께 동역할 이들을 찾는 것도 쉽지 않았다. 내가 전산실에 근무하는 관계로 청와대 근무하는 사람 중에서 누가 크리스천인지 자연스럽게 알 수 있었기에 그들에게 "우리가 청와대에 근무하게 된 것은 우리의 능력과 탁월한 선택이 있어서가 아니라 이 시대에 청와대 선교를 감당하게 하기 위함이다"라고 독려했지만, 대부분의 크리스천들은 주저하며 소극적이었고 강하게 반대하는 크리스천 공직자도 적지 않았다.

"자네, 지금 청와대에서 예배드리겠다는 건가? 그러다가 모가지 날아가면 어떡하려고 해? 제발 나서지 말고 조용히 지내게. 큰 일 날 소리를 하고 있구먼."

권력의 핵심부인 청와대에 들어왔기에 어떻게든 그 자리를 지키려는 마음이 남들보다 더 강한 사람들이었다. 남들보다 조금 더 갖게 된 기득권이 예수님을 주목하지 못하게 방해하고 있었던 것이다.

그들의 그런 모습은 바로 나 자신의 모습이기도 했다. 나 역시 잠시라도 내 눈을 하나님에게서 세상으로 옮겨 가면 세상이 주는 안락함과 기득권에 취해서 그걸 지켜내는 데에 온 힘을 쏟을 사람이었다.

우리가 세상을 바라볼 때, 이 세상의 공중권세 잡은 사탄이 호시탐탐 기회를 노리고 있다고 성경은 말씀하고 있다. 내 몸을 만족스럽게 해 주는 것들, 남들에게 자랑할 수 있는 것, 남들보다 조금 더 가진 것에 집착하고 숭배하도록 만들어버리는 것이다.

이 세상이나 세상에 있는 것들을 사랑하지 말라 누구든지 세상을 사랑하면 아버지의 사랑이 그 안에 있지 아니하니 이는 세상에 있는 모든 것이 육신의 정욕과 안목의 정욕과 이생의 자랑이니 다 아버지께로부터 온 것이 아니요 세상으로부터 온 것이라(요일 2:15-16).

문제는 이렇게 육신의 정욕과 이생의 자랑에 사로잡힐수록 두려움도 커진다는 점이다. 내가 가진 세상 것들에 대한 집착어린 사랑은 그것을 잃을지도 모른다는 두려움을 생기게 하고, 그 두려움은 사람들에게 아첨하거나 눈치를 보도록 우리 자신을 이끈다. 심지어 더 많은 것을 갖고 싶은 탐심의 죄에 들어서도록 이끌기도 한다.

그렇게 되면 우리는 마귀가 심어준 죄책감과 불안, 염려와 근심 속에 노출된다. 권력을 잃을까 두렵고, 자식이 잘못될까 두려워 늘 쩔쩔매며 사는 것이다. 세상 것을 많이 가졌지만 하나님이 주신 천국을 누리지 못한 채 정욕의 창살에 갇혀 사는 모습이 아닐 수 없다.

하지만 세상이 아니라 나를 위해 죽으시고 부활하신 예수님을 바라보면 이와 전혀 다른 삶을 살게 된다. 내 눈을 예수님으로 가득 채우면 채울수록 본질적으로 죄 덩어리인 우리의 마음과 생각, 즉 속사람이 달라지기 때문이다. 내 힘으로는 거절할 수 없었던 죄의 유혹을 예수 그리스도의 이름으로 물리치게 되고, 내 힘으로는 씻겨내지 못했던 모든 두려움과 염려를 예수 그리스도의 보혈로 씻겨낼 수 있다. 무엇을 바라보느냐가 이토록 중요한 것이다.

우리가 항상 예수의 죽음을 몸에 짊어짐은 예수의 생명이 또한 우리 몸에 나타나게 하려 함이라(고후 4:10).

'나는 죽고 예수로 사는 삶', 그것은 내가 죽기 위해 금욕주의적인 노력을 한다고 되는 게 아니었다. 그저 예수님을 바라보며 그분을 내 인생의 주인으로 삼으면 세상에 대한 나의 욕심은 저절로 사라질 수가 있었다. 내가 죽는 게 먼저가 아니라 예수님을 바라보는 게 먼저였던 것이다. 예수님을 바라보면 성령께서 내 옛사람을 소멸되게 하시고, 예수님을 바라보면 세상 것을 내려놓고 하나님의 뜻을 좇아 살아가고 싶은 소망이 나를 지배하게 된다.

청와대 기독신우회 창립 초기에 나는 이러한 사실을 깨달으며 예수님을 바라보는 것만이 우리의 소망임을 되새기게 했다. 그래서 예배는 우리의 생명일 수밖에 없었다. '신우회로 모여서 하나님께 예배드리자'는 제안에 소극적이던 직원들까지 언젠가는 함께 모여 예배드릴 날을 바라보며, 내 마음에 기쁨이 넘쳤던 것은 그 때문이었다. 대한민국의 소망이요, 우리의 생명 되신 예수, 그 예수를 바라보게 하는 '예배(worship)'야말로 내가 생명을 바쳐 지켜가야 할 가치요 사명이었다.

> 믿음의 주요 또 온전하게 하시는 이인 예수를 바라보자 그는 그 앞에 있는 기쁨을 위하여 십자가를 참으사 부끄러움을 개의치 아니하시더니 하나님 보좌 우편에 앉으셨느니라(히 12:2).

먼저 해결해야 할 한 가지 문제

엘리야 시절, 하나님께서 바알에게 무릎 꿇지 않은 사람들을 남겨 놓았듯이, 청와대 기독신우회를 시작할 때도 하나님의 몇몇 신실한 종들이 청와대 곳곳에 심겨져 있음을 발견할 수 있었다. 그들과 함께 매주 한 번씩 기도회로, 또 2주에 한 번씩 외부에서 목사님을 모시고 예배를 드렸다. 그러나 공식적으로 청와대 기독신우회를 창립하고도 4-5년 동안은 청와대 안에서 공식적인 예배를 드릴 수가 없었다. 그 원인은 여러 가지가 있었지만, 청와대가 어떤 곳보다 공직사회의 기강이 강한 곳이라 부서마다 부서장들의 눈치를 많이 본다는 게 가장 큰 장애요인이었다. 신우회에 나와서 예수님을 찬양하며 예배드리고 싶어도 자신이 모시는 상관에게 잘못 보일까봐 두려워 나오지 못하는 이들이 더 많았다. 상관의 스케줄이나 움직임에 따라 모든 부서원들도 같이 행동하는 곳, 그곳이 바로 청와대였다. 크게는 대통령의 움직임과 작게는 수석비서관이나 비서관들의 움직임에 따라 청와대 전체가 달리 움직이는 듯했다.

어찌 보면 당연한 일이었다. 대통령을 모시는 청와대에서 이러한 위계질서가 잡히지 않는다면 국정을 효율적으로 감당할 수 없을 터이기 때문이다.

하지만 국가에 대한 충성과 업무적인 효율성 때문이 아니라, 같이 근무하는 상관에게 잘못 보였다가는 불이익을 당할지도 모른다는 위기감에 사로잡혀, 신우회 활동에 참여하는 자율성을 스스로 제한하며 산다는 것은 국가에 대한 충성과는 별개의 문제였다.

그와 같은 문제 중 또 하나가 '음주 문화'였다. 많은 공직자들은 이 음주 문화에서도 자신의 자율성을 스스로 제한하며 상관의 지시나 눈치를 따라 움직이려고 했다.

나 역시 그럴 가능성이 짙은 사람이었다. 하지만 나는 이미 청와대 기독신우회 활동을 시작하면서 내 행동 하나하나가 하나님의 이름과 연관된다는 사실을 새긴 뒤였다. 지금껏 청와대를 거쳐 간 사람들 중에 신우회를 거론하며 공공연하게 전도하는 사람이 없었기에 사람들은 나의 모든 행동을 '예수님'과 연관 지어 판단할 게 자명한 일이었다. 그래서 나는 대한민국 공직자로서 맡겨진 일에 최선을 다할 뿐 아니라, 맡겨지지 않은 미래의 일까지 내다보며 남들보다 두세 배는 더 열심히 일하며 노력했다. "주대준이가 예수 믿는 일에 빠져 일을 게을리 한다"라고 소문이 난다면, 결코 하나님께 영광이 될 수 없다는 것을 알았기 때문이었다. 크리스천들은 어디에서 무엇을 하든지 성령의 권능과 능력을 받아 자기 업무에서도 최고가 되도록 기도해야 한다는 것이 나의 일관된 소신이었다.

동시에 나는 세상 문화를 대표하는 술 문화로부터도 구별돼야겠다고 결심을 했다. 나 역시 한때는 술을 친구 삼아 살았던 적도 있었지만, 술은 많은 실수를 부르고 세상에 취해 살게 한다는 점에서 술을 멀리하는 게 당연했다. 무엇보다 술을 멀리하고 성령에 취해 살라는 하나님 말씀에 타협 없이 순종하고 싶었다.

그런 순종을 시험할 시간이 드디어 찾아왔다. 1990년 12월 연말, 내가 청와대 근무를 시작한 지 얼마 되지 않았을 무렵이었고, 청와대 기독신우회를 막 시작하려던 시점이었다. 연말에 간부들의 연말 송년 회식 자리가 마련되었다. 간부로서는 최하위급 자리에 있던 나도 그 자리에 참석했다. 한 해 동안의 수고를 격려하는 회식 분위기가 무르익으면서 직속상관이 갑자기 내 이름을 불렀다.

"주대준! 자네 참 일을 잘한다고 들었네. 아주 소문이 자자하더구먼. 그래서 특별히 내가 술 한 잔 줄 테니 한 잔 받게나."

"아, 네! 고맙습니다."

직속상관이 주는 술이라 나는 예의를 갖춰 따르는 술을 받아 들었다. 모두들 부러운 표정으로 나를 쳐다봤다. 최하위직 간부에게 그런 특별한 관심이 주어진다는 자체가 뿌듯하고 자랑스러운 일이었다. 이어서 그 상관은 다른 몇 사람의 이름을 호명하여 똑같이 술을 따랐다. 나는 순간적으로 고심이 되었다.

'하나님, 어찌해야 합니까?'

단 몇 초 사이 하나님을 바라보는데 타협해서는 안 된다는 생각이 나를 붙들었다. 바벨론 왕궁에 들어간 다니엘이 뜻을 정하여 포도주를 먹지 않았던 일도 떠올랐다.

"자, 모두 한 해 동안 수고 많았네! 마시게!"

몇몇 부하 직원들을 치하하며 술을 따른 상관의 이 한마디에 모두들 술잔을 들어 입 안에 술을 털어 넣었다.

나는 조용히 술잔을 내려놓았다.

"아니, 자네! 이게 무슨 짓인가?"

조용히 술잔을 내려놓자, 상관이 주는 술을 마시지 않은 내 모습은 군대보다 조직의 기강이 더 엄격한 경호실의 분위기에서는 상상도 할 수 없는 행동이었다. 모두들 엄청난 불경죄를 저지른 사람마냥 나를 쳐다보며 황망하다는 표정을 지었다.

"뭐, 저런 놈이 다 있어!"

예상대로 그 상관은 무척이나 불쾌해 했다. 아니, 불쾌함을 넘어선 분노를 쏟아냈다. 결국 한 해를 마감하는 송년 회식자리가 나로 인해 엉망이 되었다.

상관들이 떠난 뒤, 그 자리에 있던 안수집사나 크리스천 공직자들의 분위기가 "참 예수를 믿어도 어찌 저렇게 고지식하고 미련스럽게 믿느냐?"는 눈으로 나를 바라보았다. "예수 믿는 사람이 때에 따라 융통성도 발휘해야 하나님 이름이 욕을 먹지 않지. 어찌 그리 답답한가? 자네 아무래도 청와대에 오래 있기 힘들 것 같네"라는 말을 직접적으로 하는 이도 있었다.

그들의 예언은 다음 날 모인 종무식 행사에서 사실로 입증되는 듯했다.

"한 해 동안 수고 많았네! 새해에 복 많이 받으시게."

"고맙습니다. 수고 많으셨습니다."

12월 30일, 각 부서 상관들이 부하 직원들과 악수하며 한해를 마무리하는 그 자리에서, 상관은 내 앞뒤 직원에게는 아주 친밀한 어조로 격려하면서, 나와는 악수도 하지 않고 외면하며 지나갔다. '네가 나를 그렇게 무시하고도 성할 것 같은 가? 한 번 두고 보자!'는 무언의 압력이었다.

보는 이마저 민망할 정도로 내게 무안을 남겨주던 상관은 찬바람을 일으키며 내 곁을 지나쳤다. 누가 봐도 이제 나는 청와대를 떠나야 할 사람처럼 보였다. 6공화국 시절만 해도, 최하위급 간부 자리란 직속상관의 의지에 따라 얼마든지 잘려나갈 수 있는 자리였다. 모두들 '이제 주대준이를 청와대에서 볼 수 없겠다'는 눈빛으로 나를 쳐다봤다. 그러나 정작 나는 평안했다. 사람의 걸음을 인도하시는 분은 하나님이 아니신가. 내가 청와대에 온 것도 하나님의 섭리 때문이었고, 만약 내가 청와대를 떠난다면 그 또한 하나님의 섭리라는 마음으로 기도했다. 하나님께서 보내신다면 나는 기쁘게 순종하며 떠날 것이다. 하지만 아무리 사람이 나를 쫓아내려 해도 하나님 뜻이 아니라면 나를 보내진 못할 것이었다. 나는 두려움이 엄습할 때마다 말씀을 묵상하며 말씀이 나의 마음과 생각을 주관하고 지배하도록 했다.

새해가 시작되고 그로부터 한 달 후, 드디어 올 것이 왔다. 그 상관이 나를 개인적으로 부른 것이다. 나는 마음을 담대히 하고 그 상관 앞으로 나아갔다.

"부르셨습니까?"

"그래, 나는 말이지 자네 같은 사람은 처음 보네. 자네, 어떻게 그럴 수 있나? 내 주변에 전도사도 있고 장로들도 있지만 내가 주는 술을 안 마시는 사람은 여태 한 번도 본 적이 없네. 자네는 일개 집사라고 들었네만 자네 믿음이 얼마나 대단해서 감히 내 술을 거절하나?"

"죄송합니다. 제가 부하로서 여러 가지로 부족합니다. 그렇지만 저는 크리스천으로서 감당해야 할 사명이 있기 때문에 하나님 앞에서 술을 마신다는 것이 용납되지 않습니다. 부디 제가 떳떳하게 신앙생활하며 근무할 수 있도록 도와주십시오."

정중하면서도 진실하게 내 입장을 고백했다. 만약 술잔을 내려놓은 게 문제가 돼서 사직하게 되더라도 나는 감사하게 그 길을 갈 작정이었다. 그즈음 나는 베드로전서 1장 7절 말씀 — "너희 믿음의 확실함은 불로 연단하여도 없어질 금보다 더 귀하여 예수 그리스도께서 나타나실 때에 칭찬과 영광과 존귀를 얻게 할 것이니라" — 을 묵상하며 예수님을 바라봤기에 이후에 받을 시련이 두렵지가 않았다.

그런데 내게 돌아온 그 상관의 반응이 전혀 뜻밖이었다.

"그래? 자네가 정 그렇다면 할 수 없지. 자네는 정말로 예수를 믿는 사람 같네."

사람의 마음을 움직이시는 분은 하나님이셨다. 나의 굴하지 않는 태도에 그 상관이 나를 계속 핍박하든지, 아니면 나를 해코지할 거라 여겼던 주변 사람들의 우려와 달리 그 상관은 지금까지의 태도를 바꿔 호의적으로 나를 대하기 시작하셨다. 그 일로 인해 나중에는 그 분의 아들 문제까지 내게 상담했고, 나도 마음을 다해 그 아들을 돌보며 복음을 전했다. 그리고 마침내, 그 상관은 다른 사람의 전도로 교회에 다니며 예수님을 그리스도로 영접하기에 이르렀다. 또한 그때 그 사건 이후, 회식자리에서의 술로 인한 문제가 다시는 나를 괴롭히지도 않았다. 누군가 내게 술을 권하면 또 다른 상사가 나서서 나를 보호해 주었기 때문이었다.

"아, 여기 신우회 회장님은 술을 안 마시는 우리 시대의 마지막 보루입니다. 그걸 지켜주는 게 좋을 것 같아요. 마지막 보루라니깐요. 허허."

술에 대한 이 작은 문제 하나까지, 말씀을 품고 담대한 믿음으로 나갈 때 기적을 창출할 수 있음을 체험했다. 말씀의 검을 들고 나갈 때 하나님께서는 완벽하게 내 편이 되어주시고 내 길을 인도해 주셨다. 나는 현실과 환경을 변화시키며 역사하시는 그 하나님으로 인해 또 하나의 산을 넘어설 수 있었다.

> 다니엘은 뜻을 정하여 왕의 음식과 그가 마시는 포도주로 자기를 더럽히지 아니하리라 하고 자기를 더럽히지 아니하도록 환관장에게 구하니 하나님이 다니엘로 하여금 환관장에게 은혜와 긍휼을 얻게 하신지라(단 1:8-9).

청와대 기독신우회 사역의 기폭제가 된 사건

그 일 이후 청와대에서는 나를 모르는 사람이 없을 정도가 되었다. 독해도 보통 독한 놈이 아니라는 말도 들려왔다. 하지만 그때의 내 행동은 독해서 나올 수 있는 행동이 아니었다. 예수님을 바라보며 그 인도하심에 순종할 때 자연스럽게 나오는 행동 결과였다.

사람들은 그런 내게 '예수 꼴통'이란 소리도 종종 해 왔다. 예수 이름을 전하기 위해 타협 없이 무식할 정도로 돌진한다고 붙여준 별명이었다. 물론 부정적인 의미로 붙여준 별명이었지만, 실제로 나는 목표를 향해 돌진하는 데는 일가견이 있었다.

목표 중에서도 국가와 민족의 복음화를 위한 청와대 기독신우회 활성화는 내가 가장 뜨겁게 기도하는 내용이었다. 청와대 안에서 크리스천들이 모여 예배드리는 이 모임은 이미 하나의 교회였고, 주님의 성전이었다. 주님의 몸 된 이 교회가 생명력 있게 움직이고 성장하도록 힘쓰는 일이야말로 내 모든 것을 바쳐 해야 할 사명으로 받아들였다.

청와대 밖 사람들은 이해할 수 없겠지만, 1993년에 문민정부가 출범하여 김영삼 장로 대통령께서 청와대 주인이 되셨음에도 여전히 청와대 안에서는 공식적인 신우회 예배를 드릴 수가 없었다. 관저에서는 대통령 내외분이 가족들과 함께 외부 목사님을 초빙해서 예배드렸다. 그러나 청와대 안에서 24시간 근무하는 기독공직자들을 위한 예배는 허용되지 않았다. 그 때문에 1991년에 공식적으로 창립된 청와대 기독신우회는 창립 후 4년 내내 청와대 주변 교회와 식당을 전전하며 예배를 드려야만 했다.

사실 청와대 기독신우회를 창립하게 된 여러 배경 중 하나는 신학대학을 다니다 청와대 주변 경비부대에 근무하는 병사들이나 청와대 안에서 24시간 근무하는 직원들이 따로 예배드릴 장소가 없다는 데에 있었다. 종교의 자유가 보장된 국가로서 예배드릴 장소 확보가 매우 절실하게 느껴졌다. 또한 예수 믿는 기독공직자들이 먼저 신우회로 모여 국가안보와 대통령을 위해 기도하는 것은 청와대 근무하는 기독공직자들의 의무요 사명이라고 생각했다. 그렇게 되면 기독교에 관심 갖는 직원들에게 전도도 할 수 있고 청와대 근무하는 직원 간에 나눔과 교류의 장도 될 수 있을 터였다. 그러나 당시 청와대에 근무했던 비서관급 이상 고위층 크리스천 공직자들은 업무가 바쁘다는 이유와 특히 자기 직속 상관들의 눈치와 행동반경에 맞추느라 신우회 예배에 참석은커녕 관심조차 갖지 않았다.

이 문제를 놓고 기도하자 하나님께서 내게 지혜를 주셨다. 청와대 고위층들이 먼저 신우회 예배에 참석하면 중간 간부급의 행정관이나 직원들은 부담 없이 예배에 참석할 수 있을 거라는 생각이었다.

그것은 마치 선교지에서 추장을 먼저 전도하면 부족원들이 더 예수님께 마음을 열어 복음을 받아들이는 것과 같은 이치이기도 했다.

마침 문민정부 2기 인사개편에서 김광일 비서실장, 김광석 경호실장 등 크리스천들이 대거 청와대로 입성했다. 나는 1차 목표로 장로인 김광일 비서실장님을 청와대 예배에 초청하리라 마음먹고 기도를 시작했다. 그 당시 비서실장님의 권위는 실로 막강했기에 만약 비서실장님이 신우회 예배에 참석한다면 비서관이나 국장, 행정관들도 눈치를 보지 않고 신우회 예배에 참석할 수 있었기 때문이었다.

하지만 비서실장님은 청와대 업무가 너무 바쁘고 당면한 현안과제가 많다보니 몇 차례 찾아가 신우회 예배 관련 보고를 드릴 때도 별 관심을 보이지 않으셨다. 너희들끼리 잘해보라는 입장을 나타내 보이실 뿐이었다. 그래도 나는 비서실장님이 예배에 참석만이라도 해주시면 청와대에 근무하는 크리스천 중 상당수가 자신의 믿음을 수면 위로 꺼내어 복음 전도 사역자로 동참할 수 있을 것이라는 확신을 갖고, 조금만 시간을 내어 참석해 주시기를 수차례 건의했다.

지금 생각해 보면, 그 당시에 나는 마치 한 맺힌 과부가 간청하듯(눅 18:1-7) 비서실장 장로님을 찾아가 신우회 예배 참석을 간청하고 또 간청했던 것 같다. 하지만 답은 쉽게 돌아오지 않았다. 때마침 대한민국에 불어온 경제위기로 인해 청와대 안의 모든 화두는 '경제 살리기'였다. 비서실장님도 내게 그 문제를 거론하며 당분간 신경 쓸 여력이 없다며 거절의사를 밝히셨다.

"지금 경제위기가 와서 대책회의 하느라 눈코 뜰 새 없이 바쁜데 언제 거기 가서 예배드린다고 앉아 있을 시간이 있느냐?"

그때마다 나는 확신 있게 말씀드렸다.

"그럴수록 실장님께서 신우회 예배에 오셔서 이 나라를 살리고 경제 회복을 위해 합심하여 기도드리셔야 합니다."

나의 꺾이지 않는 태도에 비서실장님은 할 말을 잃은 듯 대꾸를 안 하셨다. 그 다음부터는 비서실장실 비서관을 시켜서 아예 나를 실장실 안으로 들어오지도 못하게 하셨다.

그래도 나는 포기할 수 없었다. 실장실 안으로 들어갈 수 없으니 그때부터는 실장님의 아침 출근길에 차량이 멈춰서는 현관 앞에 대기하고 있다가 차에서 내리는 실장님께 간청했다.

"실장님, 안녕하십니까? 이번 신우회 예배 때는 꼭 좀 참석해 주십시오."

만약 비서실장님께서 신앙심이 없었다면 그런 내게 엄청 역정 내셨을 것이다. 나 또한 비서실장님의 믿음을 알고 있었기에 그렇게 간청할 수 있었다. 다만 비서실장님은 청와대 신우회의 필요성과 사명에 대해 아직 공감하지 못하고 있을 뿐이었다.

"야, 저 놈 때문에 신경이 쓰여서 내가 청와대에서 마음 놓고 근무할 수가 없네."

나의 끈질긴 구애에 혀를 내두르셨는지, 어느 날인가 실장님은 이렇게 말씀하시더니 내게 전화를 주셨다.

"내가 자네한테 두 손 두 발 다 들었네. 아무래도 자네 소원을 들어줘야 할 것 같은데 신우회 예배에 몇 시쯤 나가면 되겠나?"

"실장님! 정말, 감사합니다. 예배는 저녁 7시에 시작해서 8시 조금 넘으면 끝납니다. 그러니 실장님께서 정 바쁘시면 8시 전에 오셔서 상징적으로 10분만이라도 참석해 주시면 고맙겠습니다."

나의 간곡한 요청에 비서실장님은 2주 후에 있는 예배에 오시겠다는 뜻을 밝혔다.

2주 후, 마침내 약속한 신우회 예배 날이 되었다. 당시 대통령께서는 유럽순방길에 오르셨고, 비서실장님은 수석비서관들과 경제대책회의를 주재하고 계셨다.

그날, 나는 청와대 기독신우회 창립 후 만 4년 만에 처음으로 청와대 건물인 연무관 2층 강당에서 기독신우회 예배를 드린다고 공고를 했다. 그동안 청와대 주변 식당이나 교회에서만 예배를 드렸는데, 그날 저녁에 비서실장님이 참석한다는 소식에 담대한 마음으로 예배 장소를 청와대 건물로 정하고 모험을 했던 것이다.

부작용도 있었다. 일부 신우회 임원들의 반대에도 불구하고 청와대 건물에서 예배를 드린다고 하니, 평소 50명 정도 참석하여 예배드리던 신우회원들의 절반가량이 참석하지 않았다. 연무관에서 예배드리면 예배 참석한 회원들의 신분이 드러나기 때문에 혹 어떤 처벌이나 불이익이 가해질지도 모른다는 불안함이 작용했던 것이다.

저녁 7시에 시작한 예배가 거의 끝날 무렵인 8시쯤, 약속대로 비서실장님이 연무관 2층 예배드리는 장소에 나타나셨다. 경제대책회의를 하다가 30분 정회를 선언한 뒤에 잠깐 얼굴이라도 비추려고 나와 약속한 대로 찾아온 것이었다. 비서실장님의 참석에 모두들 눈이 휘둥그레졌다. 누구보다 목사님이 가장 놀라는 눈치였다. 비서실장님이 온다는 사실을 전혀 모르고 계셨고, 10분 후 예배가 끝나면 바로 가실 요량으로 오셨다는 사실도 목사님은 모르고 계셨다.

갑작스런 비서실장님의 참석으로 성령 충만해지신 목사님은 설교를 끝마칠 생각을 안 하시고, 지금까지 했던 설교를 다시 요약해서 전하기 시작했다. 10분, 20분, 30분…. 예상했던 예배 종료 시간이 지나고 8시 30분이 되어도 예배는 끝나지 않았다. 비서실장님 혼자 안절부절 하시고, 설교하시는 목사님은 피를 토하는 심정으로 말씀을 마무리하셨다. 그 바람에 예배는 8시 30분이 훨씬 넘어서야 끝났다.

한편, 비서실장 주재로 회의를 하던 회의실에서는 30분 정회 후 8시 20분쯤 회의를 다시 시작했다고 한다. 그러나 실장님이 보이지 않아 모두들 행방을 물었고, 상황실에서 무선망으로 추적 끝에 청와대 기독신우회에 참석했단 소식을 모두가 듣게 되었다.

그러자 그날 있었던 일들이 삽시간에 퍼져 청와대 내에서는 다음과 같은 말들을 주고받게 되었다.

"야, 그거 아냐? 비서실장님이 경제대책회의를 하다가 문제가 잘 안 풀려서 고민이 되시니까 회의 도중에 기도하러 가셨대."

"어디로?"

"어디긴 어디야? 청와대 기독신우회 예배드리는 데 가셨대."

그때부터였다. 혹여 예수 믿는 일로 인해 불이익을 당할까 두려워하던 사람들이 청와대 기독신우회 예배에 대거 등장하기 시작했다. 그리고 하나둘씩 이런 간증을 쏟아냈다.

"비서실장님이 회의 도중 기도하러 여기에 오셨다는 말씀을 듣고 혹시 불이익 당할까봐 눈치를 보던 제 모습이 부끄러웠습니다."

"비서실장님도 예배드리러 가는데, 나도 이제 당당하게 예배드리고 복음을 전하며 살아야겠다는 생각이 들었습니다."

그날 이후로 사람들이 기독신우회에 모여들기 시작했다. 동시에 청와대 안에선 삼삼오오 크리스천들이 모일 때마다 말씀으로 권면하고 뜨겁게 기도하는 모습들도 심심찮게 포착되었다. 교회라곤 한 번도 안 가봤다는 사람들까지 신우회를 통해 전도되어 함께 교도소 전도며 봉사활동을 나가기도 했다. 그러다보니 어느새 청와대 기독신우회에 와서 하나님을 예배하는 사람들이 50명이 되고 60명이 되더니 곧이어

100명을 넘어서게 되었다.

1997년에 조용기 목사님을 모시고 창립 5주년 예배를 드리던 날은 청와대 안의 모든 크리스천들이 다 모인 듯했다. 아니, 그날 예배를 드리러 왔다가 예수님을 믿은 사람들도 많았다. 청와대 역사상 처음으로 그날 청와대 안에서는 5백여 명이 모여 함께 하나님을 찬양하고 경배했다.

현실과 환경을 바라보고 두려워하기에 앞서 하나님의 말씀을 붙잡고 담대하게 선포할 때 말씀의 능력이 기적으로 우리의 삶 속에 역사한다는 사실을 체험했다.

3

기도는
기적의 통로다

나의 꿈, 하나님의 꿈

"하나님, 저를 청와대에 보내신 목적이 무엇입니까?"

청와대 입성 초기, 하나님의 뜻을 구하며 기도할 때 하나님께서는 내게 선교 사명을 새겨주셨다.

"내가 너를 그곳에 청와대 선교사로 파송했다!"

청와대로 간 것은 내 능력이 탁월하거나 계획이 훌륭해서가 아니었다. 물론 나는 꿈을 품고 기도하긴 했지만, 그 꿈을 이뤄주신 분은 하나님이셨다. 하나님께서는 그 꿈에 대한 응답으로 내 모든 걸음을 세밀하게 인도하셨고, 대한민국의 모든 형편과 사정까지 간섭하셨다. 그것은 나를 향하신 하나님의 비전이 있어서였다. 내가 하나님 앞에 꿈을 꾸며 청와대 입성을 기도했지만, 하나님께서도 나를 향한 꿈을 꾸시며 내 길을 인도하고 계셨던 것이다.

하나님의 이와 같은 계획과 뜻을 알게 되자, 나는 권력이나 명예나 부를 얻는 것에 관심이 없었다. "무엇을 먹을까, 무엇을 입을까, 심지어 어떻게 내 아이들을 성공시킬까?" 하는 문제도 고민이 되지 않았다. 내가 청와대에서 해야 할 나의 사명에 목숨을 걸고 달려가면 그 외 필요한 모든 것은 하나님께서 채워주시리라 믿었다.

나를 향하신 하나님의 꿈은 '많은 사람을 옳은 데로 돌아오게 하는 것'이었다. 진리를 몰라 방황하며 고통 받는 이들에게 하나님의 진리를 전하는 것, 그 진리 가운데 돌아오게 하는 것이 내가 해야 할 일이요 사명이었다. 이 사실을 알게 된 뒤부터 기도 내용이 달라져갔다. '내 꿈을 이뤄달라'는 기도가 아니라 '나를 향하신 하나님의 꿈을 이뤄달라'는 기도를 간절히 드렸다.

그래서 그런지 청와대에 있는 동안 많은 동료들과 부하 직원들의 어려움을 해결하는 일에 동참하게 되었다. 부부간의 어려움, 자녀들의 문제, 경제적인 고통, 그리고 영적인 문제까지 상담이 들어왔다. 새벽이든

낮이든 가족 중 누가 사고라도 나면 직원들은 내게 제일 먼저 전화를 걸어와 도움을 요청했다. 직원들의 못다 한 공부로 인한 진학 상담과 경제적 고통에 대한 상담도 끊이지 않았다. 나의 첫 번째 간증집인『바라봄의 법칙』에 기록된 바와 같이, 때로는 새벽에 전화를 걸어와 아내가 급성뇌출혈로 쓰러져 함께 병원에 입원시키고 기도를 모아 기적처럼 살아나는 일도 생기곤 했다.

이 외에도 '영적인 일'과 관련된 사건도 많았다. 어떤 직원은 날마다 귀신이 보이고 환청이 들려서 내림굿을 받아야 한다며 무당을 집으로 불러 굿을 한다는 상담을 해 오기도 했다. 그때 우리는 예수 그리스도의 복음을 전한 뒤 신우회원들과 합심기도로 악한 영을 대적하여 쫓아내고 그에게 참 자유와 영적 해방을 찾아주기도 했다.

당시 신우회원들의 믿음이 얼마나 뜨거웠던지 그들이 합심하여 기도한 후에 복음을 전하면 실제로 귀신이 나가고 새사람으로 거듭나는 일들이 종종 나타나곤 했다.

더욱 놀라운 것은 영적인 눌림이 많았던 사람이나 기독교를 격하게 부정했던 사람이 전도를 받아 예수님을 믿게 되면서 그 신앙이 누구보다 확실하고 뜨거웠다는 점이다. 그런 모습들을 목격할 때마다 나는 불현듯 나 자신이 놀라웠다. 어떻게 나 같은 사람이 이와 같은 사도행전적 역사의 장에서 쓰임 받을 수 있는지 신기하기까지 했다. 나처럼 출세욕이 강했던 사람이 복음에 붙들려서 담대히 복음을 전하며 사는 게 신기했고, 나처럼 욕심 많던 사람이 어려운 동료나 부하 직원들을 보면 만사 제쳐놓고 달려가 돕는다는 사실이 놀라웠다. 사람들을 돕고 싶고, 복음을 전하고 싶은 마음이 사라지지 않는다는 게 은혜였다.

하나님께서 나와 함께 일하고 계신다는 증거였다. 나는 그저 하나님을 바라보았을 뿐인데, 하나님께선 내 마음과 생각을 바꾸시고, 내 행동양식과 기질과 성향까지도 바꾸어 놓으셨다. 믿음으로 하나님을 바라보고 간절히 기도하면 환경과 성향까지도 변화된다는 걸 나는 나 자신의 변화를 보면서도 깨달을 수 있었다.

'한국기독공직자선교연합회' 출범

하나님의 은혜 속에 나 자신이 얼마나 달라졌는지를 결정적으로 깨닫게 된 건 통일부에서 주관한 통일연수원 교육에서였다.

1994년도였다. 북한의 핵 문제로 인한 전쟁 발발의 위기의식 속에서 정부에서는 전국의 사무관급 이상 간부 공직자들에게 수유리 통일연수원에서 수백 명씩 조를 나누어 2박 3일 동안 통일교육을 받게 했다. 청와대전산실 과장으로 근무하던 나도 청와대 상관들과 함께 그 교육과정에 참여했다.

교육 첫 시간. 전국의 입법, 사법, 행정부 및 지방 자치단체 소속의 공직자들이 한 자리에 모인 만큼 자기소개 시간이 주어졌다.

"저는 부산 시청의 ○○○ 국장입니다. 만나서 반갑습니다. 앞으로 잘해보도록 합시다."

짤막하게 통성명 정도 소개하는 시간이라 나도 내 자리에서 짤막한 내 소개를 마음속으로 준비하고 있었다.

"안녕하십니까? 저는 청와대전산실의 주대준 과장입니다. 전국 각지에 근무하시는 여러분들 만나 뵙게 되어 반갑습니다. 앞으로 서로 교류하는 좋은 기회가 되었으면 합니다."

상투적이고 의례적인 인사말을 마음속으로 되새기며 내 차례가 되자 단 위로 올라섰다. 그런데 갑자기, 전혀 의도하지 않았던 말들이 내 입에서 튀어 나왔다. 성령께서 내 입술을 주장하고 계심이었다.

"안녕하십니까? 저는 청와대에서 근무하는 주대준 집사입니다. 여러분 중에는 크리스천들이 있을 줄 압니다. 이때야말로 우리 기독공직자가 먼저 국가안보와 평화통일을 위해 깨어 기도해야 할 때라고 생각합니다. 성경말씀에 '전쟁은 하나님께 속한 것'이라고 기록되어 있습니다. 국가에 위기가 닥칠수록 먼저 하나님께 부르짖고 기도하는 것이 우리 기독공직자들의 사명입니다. 하나님께서 이 나라를 보살펴 주시면 우리나라는 반드시 평화통일이 될 것입니다. 우리가 하나님의 능력을 바라보면서 2박 3일 동안 합심기도를 드리고, 마지막 날 판문점 견학 시에는 다 같이 휴전선 철조망을 붙잡고 하나님의 능력으로 철조망이 무너지는 평화통일 조국을 바라보며 기도하십시다.”

전국 각 부처에서 모인 수백 명의 간부 공직자 앞에서 일개 전산실 과장 정도 되는 자가 너무도 담대하게 ‘하나님’ 하고 외치고 있었다. 전쟁 발발의 위기의식 속에서 모두들 숨죽이며 걱정하는 소리를 하고 있을 때, “전쟁은 하나님께 속했으니 모두 기도합시다”라는 말을 우렁차게 외친 것이다.

그 말을 마치고 내 자리로 돌아와서야 ‘내가 무슨 짓을 한 거지?’ 하는 생각에 몸 둘 바를 몰랐다. 물론 성령께서 나를 주장하신 일이었지만, 수많은 사람들이 지켜보는 그 자리에서 겁도 없이 그런 말을 하다니…. 하나님께서 나를 얼마나 변화시키셨는지 확인된 순간이기도 했다.

하지만 나는 내 자리로 돌아온 뒤에 퍼뜩 제 정신이 들었다. 수많은 고위급 간부들 앞에서, 그것도 많은 비기독교인들 앞에서 ‘하나님’이니 ‘기도’니 하는 말을 했으니, 내가 얼마나 주제 파악도 못하는 멍청한 사람으로 보였을까 싶었다.

그 생각 때문에 자기소개 시간이 끝난 뒤에도 나는 내 자리에서 일어설 수가 없었다. 사람들과 눈을 마주치는 일이 겁이 날 정도였다.

그런데 한 사람, 두 사람 내 주변으로 사람들이 모이는 기척이 느껴졌다. 고개를 들어보니 열두어 명의 사람들이 내 주변을 에워싸고 있었다.

“주대준 과장님, 아까 말씀하실 때 제 마음이 다 시원했습니다.”

“저도 그렇습니다. 집사님이라고 하셨죠? 저도 교회 장로입니다. 그래서 저도 실은 주대준 과장님이 하신 말씀을 하고 싶었습니다. 지금이야말로 우리가 이 나라를 위해 기도할 때라고요.”

전국 각지에서 오신 그분들의 얼굴에는 결연한 표정이 역력했다. 나도 마치 예수님의 열두 제자를 보는 듯 감개무량했다. 특히 국회에서 오신 이종명 국장님(연세중앙침례교회 장로)은 “지금이야말로 통일조국을 위해 기도해야 할 때입니다. 무력통일이 아니라 평화통일이 되도록 우리가 기도의 불을 밝힙시다!”라는 말씀으로 격려해 주셨다.

그렇게 우리는 기도하자는 데 뜻을 같이하고 있었다. 그래서 2박 3일의 교육과정 동안 매일 교육 종료 후에 모여 기도를 하고 해산했다. 그리고 마지막 날, 판문점에 견학하는 날에는 휴전선 철조망을 붙잡고 눈물로 평화통일을 위한 기도를 드렸다.

“하나님, 이 나라에 전쟁만은 막아주옵소서. 하나님께서 원하시는 방법대로 평화통일이 되게 하여 주옵소서.”

그 모임이 모태가 되어 3년 뒤인 1997년에는 ‘한국기독공직자선교연합회(이하 공선연)’가 설립되었다. 이미 1980년대부터 과학기술처의 박홍일 국장님(장로)이 최초 설립한 ‘정부중앙청사 신우회’ 등 부처별로 부분적인 신우회 활동이 이어지고 있었는데, 1997년에 이르러 입법, 사법, 행정부 및 지방 자치단체의 100만 공직자 선교를 위한 ‘한국기독공직자선교연합회’가 태동하여 각 부처의 신우회 활동이 강화하게 되었다. 공직자들의 부정부패와 비리를 척결하고 조국을 위해 기도하며 선교하고자 그렇게 선교연합회가 탄생했고, 초대 대표회장인 김재철 장로님의 뒤를 이어 내가 한국기독공직자선교연합회 2대 대표회장으로,

또한 청와대 기독신우회 회장으로서, 공직에서 퇴직하는 날까지 대한민국 공직자와 청와대 선교사역을 위해 기도하며 바쁜 날들을 보내게 되었다.

심은 대로 거둔다

작년 연말, 공선연에서는 모두 함께 모여 송년예배를 드렸다. 이 자리에서는 대한민국 기독 공직자 선교의 대부라 할 수 있는 박홍일 장로님(전 과학기술부 차관보)과 공선연 초대 대표회장을 역임한 김재철 장로님(전 행정연수원 원장-차관급), 공직을 은퇴한 전임 임원진과 현직 공선연 대표회장, 청와대 기독신우회 회장, 중앙 및 지방 기관의 기독공직자선교회 장단이 모두 모여 하나님께 영광을 돌렸다. 이때 나는 다음과 같은 내용으로, 나의 공직생활 기간 중에 있었던 선교활동에 대해 간증했다.

"우리 인생은 얼마나 노력하고 최선을 다하느냐에 따라 자연법칙 가운데 하나인 '심고 거두는 법칙' 영향을 받습니다. 저는 공직 근무기간 중 '공직사회 선교는 나의 사명이다!', '내 근무지의 선교를 위해 하나님께서 나를 파송하셨다'는 사명감으로 기도와 땀을 심었습니다. 그 결과 하나님께서 저를 통해 놀라운 선교 열매를 맺게 하셨을 뿐 아니라, 제 삶 가운데 너무나 큰 복을 은혜로 내려주셨습니다. 이것은 비단 제 얘기만은 아닐 것입니다. 여러분들도 부르심을 받은 그 자리에서 하나님 앞에 기도를 심고 땀을 심으면 공직기간 중에만이 아니라 공직을 퇴직한 이후까지 하나님께서 반드시 책임져 주신다는 사실을 체험하게 될 것입니다.

세상 사람들을 보십시오. 그들은 자신의 야심과 꿈을 이루기 위해 얼마나 집념어린 노력을 합니까? 그들은 그 노력만으로도 입지전적인 성공 스토리를 씁니다. 그러나 여러분은 개인의 야심을 위해서가 아니라 공직사회의 선교를 위해 헌신과 수고를 감당하고 있습니다. 하나님께선 그것을 세상 어떤 눈물이나 수고보다 귀하게 보십니다. 그 수고는 영원한 하나님 나라로 이어지는 보배로운 사역이기 때문입니다.

그러므로 여러분 모두 퇴직하는 마지막 순간까지 잠시 있다가 썩어질 세상 것을 바라보기보다 영원한 것을 위해, 성령을 위해 심으시기 바랍니다. 그러면 하나님께서 여러분들의 능력 위에 하나님의 능력을 덧입히시어 놀라운 열매를 보게 하실 것입니다. 하나님께서 친히 일하시고 거두심을 보게 하실 것입니다.

물론 그때가 언제인지는 알 수 없습니다. 많은 사람들은 스스로 열매 거둘 때를 정해놓기 때문에 쉽게 실망하거나 포기하고 맙니다. 하지만 절대로 포기하지 마십시오. 실망하지도 마십시오. 선을 행하되 낙심하지 않으면 때가 이르매 거두리라고 했습니다. 눈물로 씨를 뿌리는 자에게 하나님께서 반드시 하나님의 때에 기쁨으로 그 단을 거두게 하실 것입니다.”

그날 나는 직장 선교를 위한 우리의 기도와 헌신을 반복적으로 강조하며 도전했다. 그렇게 전해야 했던 이유는 공직자 사회에서는 고위직에 올라갈수록 크리스천 티를 내면 주요 보직으로 진출하는 데 불리하다는 생각이 지배하고 있기 때문이었다. 미신과 같은 그 생각에 눌려 많은 크리스천들은 고위 공직자가 될수록 사명을 감당하기는커녕, 종교에 관한 한 무색무취의 태도를 보이는 경우가 많았다.

그 때문에 나는 33년간의 공직생활을 한 선배로서, 이 이야기를 그들에게 꼭 하고 싶었다. 공직생활을 마친 뒤에 간증 집회나 선교활동을 하는 것도 중요하지만, 오늘날 영적 최전선과도 같은 공직사회에 근무하는 지금 이 순간에 때로는 공직자로서의 사활을 걸고 사명을 감당하는 것이 더욱 중요한 일이라고. 우리가 그렇게 내 생명을 걸고 주를 위해 살면 주님께서는 우리를 위해 모든 것을 주시는 분이라고….

그러므로 형제들아 더욱 힘써 너희 부르심과 택하심을 굳게 하라 너희가 이것을 행한즉 언제든지 실족하지 아니하리라 이같이 하면 우리 주 곧 구주 예수 그리스도의 영원한 나라에 들어감을 넉넉히 너희에게 주시리라(벧후 1:10-11).

4

기적은
믿음 안에서 체험한다

로뎀나무 아래서

국민의 정부 시절, 대통령님 내외분을 포함한 고위층들의 기도와 선교에 대한 관심과 배려의 여세를 타고, 나는 청와대 주변지역 선교를 위한 선교센터 신축을 바라보며 기도하기 시작했다. 나는 당장 내일이라도 청와대를 떠날 수 있지만, 선교센터는 청와대가 존재하는 한 언제나 남아서 국가와 민족, 대통령과 청와대 근무자들을 위해 24시간 기도하는 '영적 파수꾼'되리라 믿었기 때문이었다.

국방부 군종 규정에 의하면 독립 대대급 이상 부대에는 교회를 지을 수가 있고, 군종 목사 지원도 받을 수 있다. 나는 이 군종 법을 근거로, 청와대 주변에 상주하는 군·경찰부대 장병들을 위해 교회를 신축하고 군종 목사도 지원 받아 그들의 종교 활동을 보장해 주고 싶었다. 훈련소를 나와 청와대 주변에 배치 받아 근무하는 부대원들도 전후방 부대에서 근무하는 장병들처럼 종교 활동을 보장받는 게 마땅한 일이기 때문이었다. 그러나 현실은 신학대학을 다니다 온 사병들조차 주일예배에 참석하지 못하고 있었다. 청와대 기독신우회장으로 활동하면서 내가 가장 관심을 갖고 배려한 사람들은 바로 청와대 주변에 근무하는 장병들과 전경들이었다. 그들이 청와대 주변에서 근무하는 동안 예수님을 영접하고 안전하게 잘 근무하다가 고향으로 돌아갈 때는 복음을 들고 귀향하여 가정을 구원시키는 복음의 전령사가 되기를 간절히 소망했다.

이를 위해서라도 선교센터가 꼭 필요하다는 결론에 이른 뒤부터, 열심히 부지를 물색하러 다녔다. 이 일의 현실화를 위해 가능하면 타 종교인 법당과 성당까지도 아우르는 '복합 종교센터' 건립을 추진했다.

나는 당시, 대한민국의 심장부라는 청와대 안에서 기독교인들끼리 우월한 패거리 문화를 만들어 놓고 끼리끼리 모이며, 또 하나의 권력집단으로 오해 받는 일을 해서는 안 된다는 신앙 양심을 갖고 있었다. 그래서 나는 하나님을 믿는다는 게 권력의 중심부가 된다는 뜻이 아님을 회원들에게도 자주 상기시켰다. 복음을 전하되, 타 종교인들의 활동을 멸시하거나 그들 위에 서 있다는 우월감을 나타내선 안 된다는 사실도 상기시켰다. 모두와 함께 가되, 복음이 복음됨을 자연스럽게 드러내고 싶었다.

이를 위해 발 벗고 뛰어다니다 보니 나는 어느덧 종교 활동이 너무 강한 요주의 인물로 낙인찍혔다. 오죽했으면 대통령을 모시고 해외행사를 나가시던 경호실장님이 "부재중에 주대준 부장이 무슨 일을 저지를지 모르니 잘 감시하라"고 경호차장님에게 은밀히 지시할 정도였다. 결국 청와대 복합 종교센터 신축은 추진되지 못했지만, 국가안보와 민족통일, 대통령의 성공적 국정수행을 위해, 또한 24시간 청와대 근무하는 기독공직자들과 주변 장병들의 종교 활동 보장을 위해 선교센터를 짓고 싶은 마음은 끝내 저버리지 못해서 아내에게 우리 아파트를 처분해서라도 청와대 주변에 '공직자 선교센터'를 짓자고 떼를 쓰기도 했다. 그리고 지금도 여전히 청와대를 방문하는 수많은 사람들에게 복음을 전하고, 국가원수와 대한민국 공직자를 위해 기도하는 '청와대 선교센터'에 대한 꿈은 내 안에서 계속 커져만 가고 있다.

나의 이러한 소망이 청와대에 새로 입성하는 고위층 상관들에게 관심의 대상이 되었던 것일까. 참여정부가 출범하고 얼마 후, 새로운 경호실장님이 새 정부에 맞춰 간부들 승진인사를 단행하던 날, 특별한 사건(?)을 내게 안겨 주었다.

그날 나는 정보통신처장으로 승진되어 임명장을 받았다. 경호실장님은 임명장 수여와 훈시를 마치시고는 느닷없이 "통신처장은 잠시 남아 있으라"는 말씀을 하셨다. 따로 남으라는 말에서부터 심상치 않은 기운이 느껴졌다. 잠시 후, 둘만이 있는 자리에서 경호실장님은 통신처장으로 승진된 나를 주목하며 의미심장한 말씀을 하셨다.

“자네가 청와대 기독신우회 회장인가?”

“네, 그렇습니다.”

“그리고 장로라고 했지?”

“네, 그렇습니다.”

이미 나에 대해 정확한 신상파악을 하고 계셨다.

“자네의 과도한 종교 활동으로 인해 승진, 임명과정에서 많은 논란이 있었네. 그러니 앞으로 두말 말고 청와대 안에서 종교 활동은 하지 말게! 내가 자네에게 통신처장 임명장을 조건부로 준 거니까. 만약 종교 활동을 계속한다면 자네는 사표를 써야 된다는 사실을 명심하게!”

아…. 지금껏 많은 상관을 모셨지만, 첫 대면에서 이렇듯 강하게 위협을 가하신 분은 없었다. 나는 무척이나 당황이 되었다. 그나마 다행이었던 건 “알겠습니다”라는 말 대신, “실장님! 지켜봐 주십시오”라는 말로 대답을 대신했다는 점이었다.

참 이상한 일이었다. 그동안 나는 내 자리를 위협받는 일들을 둘째가라면 서러울 만큼 많이 겪은 사람이었다. 그러나 그때마다 담대하게 맞서서 주님의 도우심을 구했고, 모든 위기를 벗어날 수 있었다. 천지만물의 주인이신 하나님께서 내 편이시고, 내가 그 하나님 편에 서 있기에 어떤 것도 두렵지 않았었다.

그랬던 내가 “청와대 안에서 종교 활동을 하지 말라”는 경호실장님의 한마디에 완전히 주눅 들어서 떨게 되다니…. 알고 보니 경호실장님은 타 종교를 갖고 있는 안티 기독교인이셨다. 게다가 오랜 공직생활의 경험상 조직 내의 과도한 종교 활동으로 인한 부작용과 폐단을 잘 알고 계신 분이셨다. 나는 실장님의 위압적인 말씀을 들은 이후 기독신우회 예배를 드릴 수가 없었다.

나중에 돌아보니 그때의 내 모습은 마치 갈멜산의 기적을 체험하고 내려온 후의 엘리야와 비슷했던 것 같다. 지극히 평범하고 부족한 내가 감히 엘리야에 빗댈 수는 없겠지만 엘리야도 우리와 성정이 같은 사람이라는 점에서, 나는 당시의 엘리야를 닮아 있었다.

엘리야는 850명의 우상 숭배자들과의 대결에서도 하나님의 이름으로 승리하며 믿음의 기세가 하늘을 찌르는 듯 충만했던 사람이었다. 그런데 그가 전무후무한 불멸의 기적을 체험한 후에 이상하리만치 나약한 모습을 보였다. 이세벨 왕비가 엘리야에게 사신을 보내어 전하게 한 이 한마디에 엘리야는 하나님의 능력으로 기적을 체험한 때와는 전혀 다른 모습을 나타냈던 것이다.

내가 내일 이맘때에는 반드시 네 생명을 저 사람들 중 한 사람의 생명과 같게 하리라(왕상 19:2).

엘리야의 기도로 3년 반 동안 비가 오지 않았을 뿐만 아니라, 3년 반 동안의 가뭄까지 해결했다면 엘리야는 엄청난 기도의 사람이었다고 할 수 있었다. 그런데 그런 엘리야가 이세벨의 위협적인 말 한마디에 완전히 겁에 질려 하룻길을 도망쳐서 로뎀나무 밑에 앉아 죽기를 간청했다는 것은 쉽게 이해할 수 없는 일이다. '그깟 협박쯤 기도하면 하나님께서 해결해 주실 텐데 왜 그렇게 벌벌 떨었을까?' 하는 마음이 들었다.

그런데 막상 내가 그 시절을 보내고 보니 '아, 사람이 이럴 수도 있구나!' 하는 사실을 알게 됐다. 그동안 나는 걸음을 인도하시는 하나님을 신뢰했기에 어떤 상황 안에 갇혀서도 떨어본 적이 별로 없었다. "상관에게 순종하라"는 하나님 말씀에 따라 대통령과 상사들을 위해 새벽마다 기도하고 충성을 다해 일했을 뿐, '혹시라도 내가 상사들에게 잘못 보여서 쫓겨나면 어떡하지?' 하는 두려움이 동기가 되어 일했던 것은 아니었다. 사람들이 "신우회 활동을 너무 강하게 하다가는 청와대에서 잘려 나간다"고 경고할 때도 "내가 청와대 온 것이 하나님의 파송 때문에 온 것이므로 언젠가 청와대를 떠나게 된다면 그건 잘려 나가는 게 아니라 하나님께서 예정하신 때와 시에 맞춰 더 좋은 곳으로 가기 위함이다"라는 확신과 믿음을 갖고 있었다.

하나님을 바라봤기 때문이었다. 하나님을 바라보면 불가능을 가능케 하시고 광야에 길을 내시며 사막에서도 강을 내시는 그분이 너무나 미더웠다. 구름기둥과 불기둥으로 날마다 내 삶을 인도하시는 하나님, 상한 갈대를 꺾지 않으시고 고아와 과부를 사랑하시는 하나님, 절대선이시고 절대사랑이신 하나님, 민족과 열방을 향한 사랑의 복음으로 진정한 구원 계획을 갖고 계신 하나님, 그 하나님이 바로 나의 하나님이셨기에 나는 늘 "죽으면 죽으리라"는 고백도 할 수 있었다.

그래서 나는 신우회 일로 핍박이 주어질 때나 정권이 바뀌어 청와대 고위층 인사들이 바뀔 때, 또한 직속상관이 바뀔 때마다 늘 보따리를 쌀 채비를 하곤 했다. 언제든 청와대를 떠날 준비를 했던 것이다.

그러나 그때마다 막상 내게 찾아온 것은 퇴직이 아니라 승진 소식이었다. 함께 청와대에 들어왔던 동료들이 청와대를 떠날 때도 나만 남아 있었고, 정권이 바뀌어 조직 개편을 하는 바람에 동료들과 상관들이 청와대를 대거 떠날 때에도 나만 승진까지 하며 청와대에 남겨졌다. 어떤 이는 그런 나를 두고 IT 전문가로서의 탁월한 실력 때문이라고도 하고, 어떤 이는 누구도 따라오지 못할 조직에 대한 충성도 때문이라고도 했다.

그러나 나는 알았다. 그것은 내 실력이나 성품 때문이 아니라 모든 걸 내려놓고 하나님을 바라볼 때 주시는 은혜의 산물이란 것을.

그렇게 내 인생의 모든 걸음이 하나님 손 안에 달려있음을 확인하면서 나는 계속되는 핍박이나 위기에 대한 두려움도 말끔히 지울 수 있었다. 어차피 그리스도인의 삶 속에는 영광과 핍박이 공존한다는 걸 알았기 때문이었다. 핍박이 올 땐 장차 다가올 하나님의 영광을 바라보았고, 하나님께서 나를 영화롭게 하실 땐 하나님께서 하신 일을 바라보며 감사로 영광을 돌렸다.

그런데 이번엔 달랐다. 그렇게 오랜 세월 두려움 없는 믿음으로 전진하던 내가 단 한마디 말에 흔들려 청와대 기독신우회 예배를 드리지 못하고 있었다.

"주님, 어떡해야 합니까? 제가 신우회를 시작해 놓고, 무서워서 활동을 못하고 있습니다."

약 석 달 정도 그렇게 기도했을까. 기도하다보니 내가 왜 그토록 두려워 떨었는지에 대한 답을 얻을 수 있었다. '하나님을 바라본 게 아니라 사람을 바라봤구나. 실장님의 권력이 내게 하나님보다 크게 다가왔구나….' 하나님께서 나에게 주신 사명을 바라본 것이 아니라 내 일신의 영달과 승진을 바라보고 있었던 것이다. 이 사실을 알게 되자 하나님께 얼마나 송구하고 죄송스럽던지 회개의 눈물이 하염없이 흘러내렸다. 나도 모르는 사이에 내 눈 속에 주님이 아니라 세상의 권력이 채워져 있었다니….

내 눈이 하나님을 바라보지 못하면 내 마음도 하나님으로 채워지지 않는 법이었다. 나는 다시 하나님을 바라보았다. 인생을 굽어 살피시며 약한 자를 강하게 하시며 하나님의 이름으로 싸우는 믿음의 선한 싸움을 승리로 이끄시는 그 하나님, 임마누엘의 하나님, 여호와 닛시의 하나님, 엘샤다이 하나님, 이 민족의 하나님….

미지의 땅 가나안을 진군해 들어가는 여호수아에게 "강하고 담대하라! 내가 너를 떠나지 아니하겠고 너를 버리지 아니하겠다"고 하신 하나님의 말씀이, 앞으로 어떤 일이 닥칠지 모르는 나를 향해 하시는 말씀으로 들려왔다. 현실과 환경을 초월하여 역사하시는 하나님 한 분 만을 바라보는 믿음의 결단으로 신우회 활동을 다시 하기로 결단했다. 신우

회 예배를 멈춘 지 석 달 만에 나는 모든 신우회원들에게 예배를 드린다
고 광고한 후 예배 준비를 해 나갔다. 그러자 내 입에선 자꾸 감사기도
가 쏟아져 나왔다. 하나님께서 나를 이곳까지 인도하시고 이만큼 높이
시며 보호하셨다는 사실에 대한 감사였다.

“하나님, 부족한 저를 여기까지 인도하신 것만으로도 너무 감사합니
다. 감사합니다. 주님, 감사합니다. 그 감사의 예배를 이제 주님 앞에 준
비합니다. 저는 여기까지여도 좋사오나 하나님을 향한 예배는 계속되
어야 합니다. 주님, 우리의 예배를 받아주옵소서.”

> 다니엘이 이 조서에 왕의 도장이 찍힌 것을 알고도 자기 집에 돌아
> 가서는 윗방에 올라가 예루살렘으로 향한 창문을 열고 전에 하던
> 대로 하루 세 번씩 무릎을 꿇고 기도하며 그의 하나님께 감사하였
> 더라(단 6:10).

현실과 환경을 주관하시는 하나님의 비책

신우회 예배를 다시 드리기로 결정한 후 나는 주보를 돌리며 청와대
내 수석비서관 등 고위층에서부터 각 비서관실 행정관, 국장들에게 신
우회 예배 일정을 알렸다. “죽으면 죽으리라”는 각오로 다시 시작한 일,
기왕이면 돌아오는 신우회 예배에는 좀 더 많은 신우회원들이 참석하
기를 소원했다.

그러던 어느 날, 대통령님께서 수석비서관들과 함께하는 비공식 행사가 있었는데, 나는 업무를 시작하기 전에 평소처럼 기도를 드렸다. 그런데 그날따라 문득 예사롭지 않았던 노무현 대통령님과의 첫 만남이 뇌리 속에 떠올랐다. 참여정부를 이끄셨던 고(故) 노무현 대통령님. 이분과 나는 첫 만남부터가 특별했던 것 같다. 노 대통령님께서 임기를 시작하신 지 몇 주쯤 지났을까, 당시 통신처장으로 임명받아 근무하던 나를 갑자기 부르셨다. 일개 통신처장이 대통령과 독대하는 일이 거의 없던 시절이라 나는 긴장된 마음으로 달려갔다.

"청와대 통신을 총괄하는 처장인가요?"

"네, 그렇습니다."

"그러면 나를 좀 도와주셔야겠습니다."

청와대 근무 중에 업무상 취득한 기밀사항이나 중요한 내용은 청와대를 퇴직한 후에도 외부에 누설할 수 없기에 자세한 내용은 이 지면에 밝힐 수 없지만, 노 대통령님께서는 다소 권위적이고 의전에 치중되어 있던 당시 청와대의 통신운영에 대한 개선방향을 말씀하셨다. 그러면서도 통신처장의 권위와 입장을 세워주시면서 보통사람들이 공감할 수 있는 수준으로 개선되었으면 좋겠다는 의견을 피력하셨다. 워낙 IT에 대한 전문성이 탁월하신 분이라 불과 5분도 채 안 되어 대화가 끝난 터라, 나는 정중히 인사를 드린 후 막 나오려 했다.

그런데 갑자기 대통령님께서 고개를 갸웃거리시더니 말씀하셨다.

"가만, 통신처장이 주대준 박사라고 했지요? 카이스트에서 공학박사

학위를 취득했다고 신문에 소개되었던 적이 있었지요?”

“네, 카이스트에서 공학박사 학위를 받았습니다.”

“그렇지요! 여기 잠깐 앉아보세요.”

놀랍게도 대통령님께서는 ‘카이스트 개교 30년 역사상 처음으로 아버지와 아들, 부자(父子)가 함께 카이스트에서 공부한 사례’에 대해 중앙일간지를 포함하여 40여 개 이상의 신문에 소개되었던 나와 아들의 이야기를 기억하고 계셨다. 그 기사 내용대로 나는 만 40세에 청와대 현직 공직자 신분으로 카이스트 박사 공부를 시작했다. 그리고 청와대 업무와 병행하여 늦은 밤부터 새벽까지 공부하면서 알려지지 않은「신종, 변종 해킹 탐지기법 연구」논문으로 10년 만에 박사 학위를 취득했었다. 때를 같이하여 아들 은광이도 내가 박사과정 재학 중에 서울과학고를 2년 만에 조기졸업하고 카이스트에 입학했던 터라 아버지와 아들이 함께 카이스트에 재학 중이라는 기사가 전국적으로 보도된 적이 있었다. 국민의 정부 시절에 그 기사가 나면서, 김대중 대통령님 내외분으로부터 격려와 축하선물을 받기도 했었다.

“내가 그 기사를 읽었어요, 아주 감명 깊더구먼. 여기서 근무하면서 박사 공부를 10년이나 했다면서요?”

“예! 그 덕분에 이번에 통신처장으로 승진도 했습니다”라며 그렇게 개인적인 이야기가 시작되자, 노 대통령님께서는 IT에 관련된 당신의 생각과 의견을 말씀하시면서 내 의견을 구하기도 하셨다. 70년대 후반부터 시작한 30년 경력의 IT 전문가라는 내가 깜짝 놀랄 정도로, 노 대통령님은 IT의 전반적인 기술에 관해 대단한 식견을 갖고 계셨다. 우리나라에 LAN 개념이 정립되지도 않았던 80년대부터 변호사 신분으로 프로그램을 직접 개발하여 LAN망으로 데이터를 공유해서 사용했다는 경험담을 말씀하시면서, 앞으로 청와대 내 IT 신기술을 어떻게 접목시켜야 하며 효율적 국정운영을 위한 프로그램개발 구상까지 말씀하시는데, 눈빛이 그렇게 빛나실 수가 없었다.

"야, 이거 주 박사님, 내가 청와대 들어온 이후 지금껏 이런 얘기를 할 곳이 없었어요."

"무엇보다 IT 신기술에 대한 내 말귀를 알아듣고 이해하는 사람이 없어서 엄청 답답했는데 말이 통하는 사람이 있군요."

관저 통신시스템 개선에 대한 간단한 이야기로 시작하여 청와대와 대한민국의 정보통신에 대한 이야기까지 이어졌고, 그 다음에는 향후 대한민국의 사이버보안에 대한 중요성과 대응책까지 나누느라 시간 가는 줄을 몰랐다.

취임하신 지 얼마 안 됐을 때라 밖에서는 다음 보고 스케줄을 기다리는 고위층들이 줄을 잇고 있었다. 통신처장이란 사람이 대통령과 무려 한 시간 동안이나 독대하고 있다는 사실 자체에 대해서도 밖에서는 궁금하게 생각하고 있는데, 정작 안에서는 끝날 줄 모르고 IT와 사이버보안에 관련된 이야기가 무르익고 있었다.

사실 나는, 처음 대통령님과 대화를 나눌 때 대통령께서 아무리 IT에 전문성이 있다고 하지만 IT를 정식으로 전공하신 분이 아니라는 생각으로 접근하고 있었다. 그런데 이야기를 나누면 나눌수록 30년 동안 IT를 전공한 내가 식은땀이 흐를 정도로 대통령님의 IT에 대한 전문성뿐 아니라 미래를 바라보는 혜안과 통찰력은 대단하셨다.

대통령께서는 청와대 내 주요 국정자료나 국가통치권자의 정보관리가 전혀 자동화되어 있지 않은 지금의 정보시스템으로는 정부와 대통령이 바뀔 때마다 어려움을 양산할 수 있다는 현실적인 문제를 지적하셨다. 그런 이유로 노 대통령님의 재임기간 중 청와대 내부의 주요정책 자료와 통치권자의 국정정보를 자동화로 개발하여 다음 정부에 인계하도록 하겠다는 의지도 피력하셨다.

솔직히 나는 그 말씀을 처음 들을 때만 해도 대통령님의 뜻을 정확하게 이해하지 못했다. 시간이 흐른 뒤에야, 당시 대통령님께서는 참여정부 출범 시부터 국가 주요정책 자료나 대통령의 국정통치 자료를 자동화 할 수 있는 프로그램을 개발하여 다음 정부에 인계하기 위해 'e-지원 시스템 개발'을 구상하셨음을 알 수 있었다.

나는 대통령비서실에 전산기능이 전혀 없던 6공 정부 초기부터 전산실 창설 프로그램개발 팀장으로 청와대 근무를 시작하면서 비서실 업무 등 청와대 내부 업무용 프로그램개발에 주도적으로 참여해 온 사람이며, 청와대 내부 업무 자동화에 깊이 참여해온 전문가이다. 그 때문에 참여정부 출범 전에는 정확하게 표현하면 고 노무현 대통령님께서 'e-지원 시스템 개발'을 구상하기 전에는, 청와대 내 주요정책 자료나 국정통치 정보를 자동화하여 활용할 수 있는 프로그램 자체가 없었다는 것을 누구보다 잘 알고 있다. 건국 이후 최초로 청와대 국정정보 및 주요 정책 자료를 자동화 개발한 'e-지원 시스템', 그것은 바로 노무현 대통령님의 아이디어에서 부터 시작되었던 것이다.

나는 당시 대통령님의 그와 같은 현실적인 통찰과 미래 준비전략에 감동을 받아 생각지도 못했던 말을 불쑥 하게 되었다.

"대통령님께서 만약 정치인이 되지 않으셨다면, 빌 게이츠나 스티브 잡스를 능가하는 세계적인 IT 전문가가 되셨을 겁니다."

이런 이야기들을 하다가 대화 방향이 우연찮게도 주변 여러 지인들에 대한 이야기로 흘러갔다. 그 이야기 끝에 내가 초등학교 때 부모를 여의고 고학으로 하나님 한 분만 의지하면서 살아온 일, 그리고 현재 청와대 기독신우회장을 맡고 있다는 것까지 말씀드렸다. 그러자 대통령님께서는 내가 전혀 몰랐던 사실을 고백하셨다.

"나도 사실 중학교 다니던 한때에 목사가 되려는 꿈을 꾼 적도 있었어요."

"예, 그렇습니까?"

"아버지께서는 생전에 안수집사님이셨고, 어릴 때 가끔 저를 교회에 데리고 다니곤 했습니다."

대통령께서 그 말씀을 하시자, 내 마음속에는 뭉클한 무언가가 뜨겁게 일어났다.

"그때 우리 집이 교회하고 너무 멀어서 교회를 자주 못 갔지만, 아버지께서는 나중에 크면 교회 잘 다니라는 당부를 하셨던 기억이 납니다."

잠시 아버지를 추억하시던 대통령님께서는 마지막으로 이렇게 말씀을 남기셨다.

"나도 언젠가 내 일을 다 마치면 교회에 나가려고 합니다."

그 만남을 마친 후 그날 저녁 만찬자리에서 대통령님께서 대놓고 주대준 통신처장에 대해 칭찬까지 하셨다는 뒷이야기가 들려왔다. "청와대 내에서 나와 말귀가 통하는 사람을 만났다"고, 그리고 "IT 전문용어를 쓰며 서로 의견을 말할 수 있는 사람이 생겼다"고.

그 일이 있은 지 두 달 후, 대통령님께서 지방 출장 귀환 길에 악천후를 만난 적이 있었다. 마침 나는 국정지휘통신망을 총괄하는 청와대 통신처장으로서 가용한 첨단기술을 다 동원하여 어떤 상황에서도 국정지휘통신망이 두절되지 않도록 모든 준비를 다해 놓은 터였다. 그러자 대통령님께서는 어떤 폭풍우나 악천후 속에서도 빈틈없이 완벽하게 국정지휘통신망을 운용하는 청와대 통신시스템에 대해 매우 흡족해 하셨다.

그런 일들을 회상하다보니, 대통령님 내외분을 위한 나의 기도가 더욱 깊어질 수밖에 없었다.

기도를 마친 후, 나는 다음 주부터 새로 시작할 신우회 예배 주보를 제작하여 당시 김우식 비서실장님(장로)과 크리스천 수석비서관 몇 분께 나누어 드렸다.

그런데 그날 대통령님께서 주관하시는 비공식 모임이 다시 시작하는 신우회 예배의 돌파구가 될 줄은 미처 몰랐었다. 회의가 끝나고 마무리 될 무렵에 수석비서관 한 분이 내가 사무실로 전달해 주었던 신우회 주보를 불쑥 끄집어내어 만지작거리면서 대통령님께 말씀을 드렸다.

"대통령님! 다음 주에 청와대 기독신우회에서 예배를 드리는데, 교계의 노무현이라고 불리는 개혁주의적인 목사님이 오셔서 설교를 하십니다. 대통령님께서도 한 번 참석해 보시지요."

그곳에 모인 분들은 어떤 연유로 신우회 예배가 중단되었다가 다시 드리게 되는지 그간의 상황을 전혀 모르는 분들이었다. 그 수석비서관의 말에 대통령님께서는 예의 그 소탈한 미소를 지으며 긍정적인 답변을 하셨다.

"그래요? 그럼 나도 한 번 참석해 볼까요?"

대통령님의 이 답변에 여기저기서 의견이 쏟아졌다.

"대통령님께서 참석하시면 또 다른 구설수에 휘말릴지도 모릅니다. 안 가시는 게 좋겠습니다."

"아니, 국가안보와 대통령을 위해 기도회를 한다는데요?"

"그래도 안 가시는 게 좋습니다."

대통령님의 참석 여부를 놓고 비서진들 간의 의견이 오고가자 노무현 대통령님께서 한마디 말씀으로 정리를 하셨다.

"그렇다면, 내 다음에 한 번 참석하지요."

대통령님의 그 한마디 말씀으로 신우회를 향하던 모든 핍박의 규제가 일시에 사라지게 되었다. 청와대 기독신우회에서 국가안보와 성공적 국정수행을 위해 기도드리는 것을 규제해야 할 이유가 없을 뿐 아니라, 앞으로 신우회 예배를 금지할 명분이 없어진 것이다. 대통령께서도 언젠가 불시에 그 예배에 참석할 수도 있음을 암시해 주셨기 때문이었다.

그 덕분에 신우회 사역은 계속해서 이어졌고, 경호실장님과 나와의 관계도 하나님 말씀 안에서 더 가까워지는 계기가 되었다.

종교가 다르다는 이유로 경호실장님과 나의 얼어붙은 관계가 지속될 수도 있었다. 그러나 하나님께선 상전에게 순종하되 특히 믿지 않는 상관에게 더욱 순종할 것을 명하고 계셨다. 성실한 마음으로 주님께 하듯 섬기라는 이 말씀에 따라, 나는 실장님이 보이는 곳에서든 보이지 않는 곳에서든 최선을 다해 충성하며 경호실장님을 섬겼다.

그런 나의 진심이 실장님의 마음과 통했던 것일까. 몇 달이 지나, 채 1년이 되기 전에 실장님은 내게 신뢰의 눈빛을 보내오셨다. 알고 보니 그분이야말로 몸에 베인 성실함과 남을 배려하는 진실함이 돋보이는 분이셨다. 처음엔 내게 위협적인 말씀까지 하셨던 그분이 나중에는 내게 깊은 고민까지 나누셨고, 심지어는 내가 승진하는 것과 진로에 가장 많은 도움을 주셨다.

하나님의 전능하신 손길은 그렇게 직장 안의 모든 상황까지 조정하시고, 사람의 마음을 움직이게 하셔서 위기가 변하여 축복으로, 두려움이 변해 평안이 되게 하셨다.

그래서 나는 공직자나 직장 크리스천들에게 힘주어 강조하는 말이 있다. "같이 근무하는 상관이 크리스천이 아닐지라도 크리스천 상관보다 더 충성을 다해 섬기고 주님께 하듯 하라"는 말이다. 우리의 이러한 섬김을 통해, 예수를 믿지 않던 상관이 하나님을 만나게 될 것이기 때문이다. 하나님을 믿지 않던 애굽의 바로 왕이 요셉을 보고 각료들에게 "하나님의 영에 감동된 사람을 우리가 어찌 찾을 수 있으리요"(창 41:38)라고 말했듯이.

돌이켜보면, 그때의 사건들은 "죽으면 죽으리라"는 담대한 믿음이 환경을 변화시키고 기적을 창출하는 원동력임을 다시 한 번 깨닫는다. 내가 예수 안에 죽을 때, 예수님께서는 나를 예수 안에서 다시 살리신다.

너희 빛이 사람 앞에 비치게 하여 그들로 너희 착한 행실을 보고 하늘에 계신 너희 아버지께 영광을 돌리게 하라(마 5:16).

너희가 먹든지 마시든지 무엇을 하든지
다 하나님의 영광을 위하여 하라

_고전 10:31

모든 초점을
하나님께 맞추라

1

기적의 주인공이
되려면

오직 하나님의 영광을 위하여

앞에서의 고백처럼, 청와대 기독신우회 사역이 점점 활기를 띠었던 배경에는 하나님께서 현실과 환경을 초월하시어 모든 상황까지도 개입하시며 일하셨기 때문이었다. 우리가 기도한다고 해도 응답하시는 분은 하나님이시고, 때론 우리가 기도조차 못할 때에도 하나님의 계획을 위해 천지만물을 움직이시는 분이 하나님이심을 그분은 보여주고 계셨다.

그래서 우리 인생은 하나님을 기쁘시게 하는 데에 초점을 맞춰 달려갈 때만큼 좋을 때가 없는 것 같다. 우리는 불완전하지만 하나님은 완전하시고, 우리는 유한하지만 하나님은 무한하시기 때문이다.

그 완전하시고 무한하신 하나님의 뜻과 목적을 따라 살면, 우리는 유한하지만 완전한 삶을 살아갈 수 있다. 청와대 기독신우회 사역을 하는 동안 나는 이 사실을 확인할 수 있었다. 이 세상에 존재하는 모든 것에 의미와 가치가 있듯이, 우리가 태중에 있을 때부터 하나님께서 "너는 내 것이다!"라고 지명하여 불러 주신 하나님의 뜻과 목적이 우리 모두에게 있다. 하나님의 뜻이 아니면 공중에 새 한 마리도 땅에 떨어지지 아니하고, 들에 풀 한 포기, 꽃 한 송이까지 세밀하게 관리하시는 하나님이 아니신가. 우리가 그 하나님의 영광을 위해 살기 시작할 때, 하나님께서는 그분의 능력을 나타내 보이시며 우리를 가장 선하고 완전한 길로 이끄시는 분이시다.

나는 모든 만물에 깃든 '하나님의 뜻과 섭리'를 발견한 뒤로 이전까지 내가 어떻게 살았든지 간에 남은 나의 생애를 하나님의 영광을 위해 살겠노라고 결단했다. 그러자 내 삶의 방향이 달라졌다. '어떻게 하면 하나님을 영화롭고, 기쁘시게 할 수 있을까'가 나의 주된 관심사가 된 것이다. 그러자 그 일을 위해 내가 당하게 될 시련과 좌절, 고난이나 역경이 문제가 되지 않았다. 하나님의 영광을 위해서라면 내가 당연하게 될 어떤 상황도 감사함으로 받아들일 수 있을 것 같았다. 내 인생의 모든 초점이 '하나님의 영광'에 맞춰지자 나는 아무것도 두렵지 않았던 것이다.

> 너희가 먹든지 마시든지 무엇을 하든지 다 하나님의 영광을 위하여 하라(고전 10:31).

그러나 이러한 삶의 전환은 결코 자신의 힘으로 이루어진 게 아니었
다. 우리 인간은 누구나 본성적으로 타락한 까닭에 새로운 결심을 했다
고 해도 금세 자신의 정욕을 따라 되돌아가는 습성이 있지 않은가.

내 경우도 그랬다. 그래서 나는 하나님을 찾았다. 하나님의 능력, 하
나님의 선함, 하나님의 사랑만이 나의 회귀본능과 게으른 본성을 이기
고 오직 하나님께 영광 돌릴 수 있게 함을 고백하며 하나님을 찾고 또
찾았다. 하나님께서는 나를 청와대에 보내시기 전부터, 이와 같은 싸움
을 믿음으로 감당할 수 있도록 새벽마다 기도의 단을 쌓도록 영적 트레
이닝으로 준비시켜 주셨다.

네가 누구인 줄 아느냐?

청와대전산실이 창설되기 10년 전부터 청와대를 바라보며 청와대
입성에 대한 비전을 주신 하나님께서는 철저한 계획 가운데 나를 청와
대 공직자로 준비시켜 주셨다. 그중 하나가 청와대 들어오기 3년 전인
1986년, 국비장학생 자격으로 미국 캘리포니아주 몬트레이(Monterey)시
에 위치한 NPS에서 컴퓨터 시스템관리 석사 학위를 취득하고 한국으
로 돌아오게 한 일이었다. NPS는 세계 2차대전 당시 OR, SA 및 컴퓨터
시뮬레이션 등으로 명성을 날린 미국 내에서도 컴퓨터 분야에 상위층
대학원으로 분류되는 우수한 대학원이었다. 그곳에서 컴퓨터 시스템관
리, S/W 엔지니어링, 시스템 다운사이징, OA , LAN 등 당시로서는 첨

단 IT기술을 2년 6개월 동안 석사과정을 통해 배우고 돌아온 터라, IT 불모지였던 한국에 돌아온 뒤로 내가 해야 할 일들은 아주 많았다.

때맞춰, 미국 유학 중 소령으로 승진하는 영예까지 누린 나는 귀국하자마자 영관급 전산장교가 되어 육군본부에 들어가게 되었다. 그곳에서 나는 전산 분야에서 유일한 장군인 전산처장을 모시는 보좌관 직책과 동시에, 전산장교 천여 명의 보직과 인사관리 및 교육까지 총괄하는 '전산 장교 인사 담당관'이라는 두 개의 보직을 맡았다.

힘들었던 유학 시절, 하나님의 돌보시는 은혜를 생생하게 느꼈던 만큼, 나는 두 개의 중요한 보직을 맡자 감사한 마음과 긍지를 갖고 감당해 나갔다. 솔직히 고백하면 전산처장이라는 장군의 보좌관 업무만 하고 앉아 있기에는 내가 어렵게 공부하고 배워온 첨단 학문이 너무 아깝다는 생각으로 과욕을 부리면서, 또한 다가올 첨단 정보국 대한민국을 바라보며 밤낮 없이 일했다.

그런 나의 충정어린 근무 모습은 시간이 지날수록 인정을 받아 사람들로부터 많은 박수를 받게 되었다. 그와 동시에 내게는 교만이 슬그머니 찾아들었다. 전산 장교에 대한 모든 권한을 쥐고 있는 전산처장을 모시는 보좌관의 위력과 전산 장교 천여 명의 보직을 관리한다는 파워를 과시하고 싶은 마음이 차차 생겨났던 것이다.

때를 같이하여 내 생활에도 변화가 찾아왔다. 가정과 교회, 공부밖에 모르던 내가 언제부턴가 같이 근무하는 동료, 친구들과 어울려 술자리를 갖는 횟수가 점점 늘어가는 것이었다.

처음엔 단순히 남자들 세계의 의리를 지키려는 마음으로 친구들과 어울렸다. 나는 유학파였고 같은 부처에 근무하는 동료들은 그렇지 않은데 내가 유학을 다녀왔다고, 또한 장군을 모시는 보좌관이라고 전산 장교들의 각종 모임에도 안 나온다고 생각할 것 같아 의리상 나가기 시작한 것이다. 그런데 모임에 나갈수록 빠져나오기는 더욱 어려워져 갔다. 당시 남자세계의 의리는 마치 뒷골목의 조폭 세계와 비슷했다. 한번 어울려 놀기 시작하면 끝까지 가야 한다는 암묵적인 약속이 지배했기 때문이었다.

퇴근 후에 모여 1차로 술을 마시면, 2차 때는 조용한 단골집에 가서 편안한 몸뻬바지로 갈아입고 밤늦도록 맥주를 마시며 고스톱을 했다. 얼마나 술을 많이 마셨는지 때로는 어떻게 집에 돌아왔는지에 대한 기억이 끊길 정도였다. 그런 나를 보며 아내의 시름이 깊어졌다. 사람이 변해도 어떻게 이토록 순식간에 변할 수 있냐고 따지기도 했다. 그런데도 한번 시작된 습관은 쉽게 고쳐지지 않았다. "늦게 배운 도둑질에 날 새는 줄 모른다"고 했던가. 앞만 보며 달려왔던 내 인생에 처음으로 시작된 탈선은 나의 발목을 단단히 잡은 채 놓아주질 않았다.

'이러면 안 되는데, 내가 이렇게 살 때가 아닌데….'

끊임없이 이렇게 생각을 하면서도 동시에 다른 생각이 나를 지배했다.

'뭐, 나이 30대에 유학까지 가서 그 어렵다는 컴퓨터 석사과정까지 마치고 돌아와 이렇게 막중한 업무까지 감당하는데, 같이 근무하는 전산 장교들과 어울려 이 정도도 즐기지 못하는 게 말이 되냐?'

슬그머니 찾아온 일탈은 나를 점점 교만하게 만들더니 급기야 신앙의 기본적인 모습조차도 흐트러지게 했다. 주일 아침에는 늦잠을 자고 겨우 일어나 교회 한 번 다녀오면 '주일성수'했다고 대단한 일을 한 것처럼 유세를 부리며 아내 앞에서 폼을 잡곤 했다.

그러나 하나님께서는 그런 나를 더 이상 두고 보실 수만은 없으셨던가 보다. 친구들과 음주문화를 즐기며 생활한 지 약 6개월 정도 지날 무렵, 그동안 침묵하셨던 하나님께서는 또 다른 모습으로 내게 찾아와 하나님 자신을 나타내셨다.

주일이었던 그날, 나는 느지막이 일어나 여의도순복음교회 예배에 참석을 했다. 평소 업무가 많았던 만큼 딴 생각도 많았던 나는 그 예배에서도 업무 생각을 하고 있었다.

얼마쯤 시간이 지났을까. 한참 딴 생각을 하던 내게 조용기 목사님께서 전하시는 하나님의 말씀이 불화살처럼 와서 꽂혀버렸다. 순식간이었다. 마치 전쟁터에서 전혀 예상치 못한 순간에 화살을 맞은 것처럼 나는 그 순간에 "앗!" 하고 소리를 지를 뻔했다.

그런 경험은 처음이었다. 정말 누군가 정확히 내 심장을 겨냥해서 물리적인 화살을 쏜 것 같았다. 말씀이 관절과 골수를 찔러 쪼갠다는 의미가 실감이 되었다. 그동안 하나님의 성전인 내 몸을 내 맘대로 사용하고 내 안에 계신 성령님을 무시하고 근심시켜 드린 것에 대한 회개의 고통이었는지, 나는 뭔가 데굴데굴 구르고 싶은 처참한 고통에 몸서리치면서 어찌할 바를 몰랐다. 하나님의 말씀은 내게 묻고 계셨다.

"대준아, 네가 누구인 줄 아니? 너는 바로 나의 성전이란다."

이 말씀 앞에 나는 뭐라 할 말이 없었다. 눈물이 비 오듯 쏟아지고, 주를 향해 두 팔을 벌린 내 육신은 전기에 감전된 듯 한참 동안 그 자세를 유지하고 있었다.

성경학교, 그리고 기도 굴

그날 이후, 나는 더 이상 예전 생활로 돌아갈 수 없었다. '그럼, 이제 나는 어떡해야 하지?' 라는 마음이 찾아들었다. 하나님께서 나를 주목하고 계시고, 하나님께서 내게 원하시는 바가 있음을 분명히 알긴 알겠는데, 어떻게 해야 할지 난감했다.

방법을 구하니 성령께서 곧 길을 알려주셨다. 성령님을 알고 싶고 예수 그리스도를 만나고 싶다면 그걸 가르쳐 주는 곳으로 가면 되는 일이었다.

당시 명성훈 목사님께서 맡고 계셨던 평신도 성경교육연구원에서 하는 6개월 코스의 성경공부 과정에 등록하기로 했다. 1주일에 두 번씩 성경을 공부하고 기도회를 하는 과정이었다. 그런데 '성경학교'는 그

과정의 명칭이 마음에 안 들었다. 성경대학이나 성경대학원도 아니고 그저 '성경학교'니…. 완전히 초보자들이 가서 공부하는 곳이라는 느낌이 들어 자존심이 상했다. 명성훈 목사님을 찾아가서 부탁을 드렸다.

"목사님, 제가 여기 등록해서 성경공부를 하려고 하는데 교육과정 이름이 좀 그렇습니다. 제가 그래도 어려서부터 성경공부도 많이 했고, 미국에서 석사과정도 마치고 온 사람인데 성경학교에서 공부한다고 하면 남들 보기에 초신자 같아서 좀 민망합니다. 그러니 저를 성경학교가 아니라 성경대학이나 성경대학원에서 공부하도록 해 주시면 안 되겠습니까?"

얼마나 단순한 발상인지 지금 생각하면 웃음마저 나오지만 당시로서는 참 진지하게 여쭈었다. 당연한 일이지만, 명성훈 목사님은 그런 나의 제안에 단호하게 말씀하셨다.

"이 과정은요, 하버드 대학교 박사나 성경을 백 번 읽은 사람이 와도 성경학교부터 밟아야 합니다. 성경학교를 졸업해야 성경대학에도 들어갈 수 있습니다."

그 말씀에 나는 할 수 없이 성경학교 과정에 참여했다. 그리고 그 6개월의 과정은 평생 잊을 수 없는 은혜의 시간으로 채워졌다. 창세기부터 요한계시록까지 하나님 말씀을 읽고 묵상하며 그 말씀을 붙잡고 기도하면서, 살아계신 하나님, 나를 위해 십자가에서 죽으시고 부활하신 예수님, 그리고 내게 오시어 나를 위해 일하시는 성령님을 뜨겁게 만날 수 있었다. 다시 내 삶의 중심이 하나님으로 채워졌고, 내 삶의 초점도 예수님을 기쁘시게 하는 삶으로 바뀌어 갔다. 6개월 과정의 성경학교에서 많은 은혜를 받은 뒤라 이어진 1년 과정의 성경대학에도 등록해서 은혜의 삶을 더 누렸다.

놀라운 것은, 육군본부에 근무하는 장군 보좌관 직책을 맡은 영관 장교가 1년 6개월 동안 결석하지 않고 일주일에 두 번씩 성경공부과정에 꼬박꼬박 참석했다는 것이다. 당시 화, 목요일 저녁 7시부터 수업이 시작되었는데, 육군본부가 위치한 삼각지에서 버스를 타고 공덕로타리까지 가서, 다시 버스를 바꿔 타고 여의도순복음교회로 가야 했다. 그때 얼마나 기도를 뜨겁게 했던지, 나는 또 하나의 기적을 체험할 수 있었다. 내가 모시는 장군께서 "보좌관! 매주 화, 목요일은 퇴근 후 곧장 골프연습장에 가서 운동할 테니, 보좌관도 일찍 퇴근하고 급한 일 있으면 연락하라!"고 하신 것이다. 마치, "너! 화, 목요일 성경공부 늦지 않도록 내가 5시에 즉시 퇴근하여 운동하러 갈 테니, 걱정 말고 성경공부 하러 가라"는 음성으로 들렸다.

그렇게 하나님께서는 마치 퍼즐을 맞추듯 내가 모시는 장군님의 스케줄까지 조정하시어 성경학교 및 성경대학 과정을 빠지지 않고 개근으로 수료할 수 있도록 인도하셨다. 그리고 말씀과 기도로 영적 트레이닝을 시킨 후에 청와대로 보내주셨다.

내게 있어 성경교육과정의 클라이막스는 '기도 굴' 사건이었다. 당시 성경학교에서는 말씀도 가르치면서 동시에 기도훈련도 시켰다. 그래서 교육과정 중에 2-3차례 오산리 기도원에 있는 기도 굴에 가서 기도하는 시간을 가졌다. 캄캄한 굴에 들어가 혼자 기도하는 기도 굴! 그곳은 이미 내가 유학 가기 전부터 찾아갔던 곳이기도 했다.

어려서부터 하나님께 모든 걸 상의하며 기도했던 습관이 있어서인지 유학을 앞두었을 때 좀 더 기도해야겠다는 생각이 나를 그곳까지 이끌었다. 이참에 담배도 좀 끊어야겠다는 생각으로 1983년 여름, 3일 금식기도를 작정하고 휴가를 받아 오산리기도원의 기도 굴이란 곳을 처음 찾았다. 기도원 정문에 들어가기 전, 나는 호주머니에 있던 담배를 꺼내 마지막으로 한 개비를 숨이 막힐 정도로 길게 뿜어 내 피우고는 담배 갑을 구기어서 휴지통에 버렸다.

그러나 기도 굴에서 기도한다는 건 쉽지 않았다. 섭씨 38도를 넘나드는 폭염과 높은 습도 속에 앉아 기도하려니 기도가 나오지 않았다. 기도 굴에 들어가기만 하면 최자실 목사님처럼 신령하게 기도가 될 줄 알았건만, 나는 채 10분을 넘기기도 어려웠다. 이런 곳에서 3일을 지낼 생각을 하니 더욱 더 앞이 캄캄했다.

결국 한 시간도 견디지 못하고 기도원을 빠져나와 기도원에서 가까운 고양에 사는 친척집을 찾아가 밤새 술을 마시고 그 다음 날 집으로 돌아왔다. 3일 작정 금식기도 하러 올라간 사람이 하룻밤 지내고 집으로 오자, 아내는 깜짝 놀랐다. 나는 그런 아내에게 "기도원에서 3일 동안 기도할 게 별로 없더라고. 하룻밤 기도하고 나니까 모두 해결되었어" 하고 가짜 기도원 생활을 보고했다.

내가 그랬다. 하나님을 바라보고 그분을 믿었지만, 유혹에 넘어갈 만한 본성도 함께 유지하고 있는 사람. 세상도 좋아하고, 그러면서 동시에 하나님도 좋아하는 상태가 딱 내 상태였다. 예수 그리스도로 온전히 거듭나서, 내가 아닌 내 안의 예수께서 사시는 삶의 모습이 아직까지 보이지 않고 있었다.

성경학교에 다니며 두 번째로 기도 굴을 찾았을 때, 내 마음은 부끄러웠던 과거를 더듬거리고 있었다. 게다가 지난 6개월 동안, 내 삶을 내 것이라 여기며 흥청거릴 때 하나님의 마음이 어떠했으랴 생각하니 더욱 부끄러웠다. 나는 무릎을 꿇고 하나님께 나의 연약함과 악한 본성과 세상 유혹에 흔들리는 모습에 대해 솔직하게 고백하기 시작했다. 나의 모든 죄를 고백하며 모든 것을 내려놓았다.

"하나님, 주대준이가 이렇게 살았습니다. 하나님을 믿지만 하나님을 100퍼센트 제 인생의 주인으로 모시고 살지 못했습니다. 하나님을 바라봤다가 세상도 바라봤다가를 반복하며 살았습니다. 또한 하나님을 기쁘시게 했다가 마귀의 꼬임에 넘어가 마귀를 기쁘게 했다가를 반복했습니다."

나는 하나님을 믿었기에 어려서부터 하나님께 기도하며 그분의 능력을 구하는 삶을 살긴 했다. 그러나 내게 주어진 사소한 성공 앞에 폼을 잡으며 질척거리는 시간들을 보냈다는 것은, 여전히 내가 하나님을 100퍼센트 주인으로 모시지 못했다는 증거였다. 만약 내가 하나님을 온전히 믿고 그 하나님을 내 삶의 주인으로 모시고 살았다면, 내게 주어진 것들이 모두 하나님으로부터 온 것임을 믿고 인정했을 것이다. 그랬다면 나는 내 조그만 성공을 바라보며 자랑할 생각조차 못했을 것이다.

내 인생의 생사화복이 하나님께 달려있고, 모든 좋은 것들이 하나님으로부터 온 것임을 안다면 무엇을 자랑하고 무엇을 내세울 수 있었으랴.

그럼에도 하나님께선 그러한 나를 사랑하셨다. 우주만물을 창조하시어 한 치의 오차도 없이 조성하시고, 그중에 티끌과 같은 나를 택하신 하나님께선 한 치의 실수도 없이 나를 돌보시며 사랑으로 인도하셨다. 그 신실하신 사랑에, 그 변함없고 다함없는 사랑에 감사하며 기도하기를 얼마나 했을까. 기도하는 내 눈 앞에, 아니 기도하는 내 마음속 화면에 잃어버렸던 시간들이 선명하게 그림처럼 그려졌다.

Born Again!

첫 번째 영상은 내가 미국으로 유학을 떠나기 전의 모습이었다. 1981년 첫딸 은혜가 아직 아내 뱃속에 있을 때, 어느 후배의 결혼식에 참석한 내 모습이 기도 중에 보였다. 당시의 나는 한동안 술을 입에도 안 대다가 결혼식 피로연에서 한두 잔씩 권하는 술을 받아 마시다가 완전히 의식을 잃은 취한 상태까지 이르렀다.

"혼자 집에 갈 수 있겠어?"

"걱정하지 마. 나 아직 안 취했어. 멀쩡해!"

남자의 자존심에 혼자 집으로 향하던 길. 영등포역 앞에 네온사인이 돌아가는 '맥주 바'에 앉아 있는 내 모습을 마지막으로 기억의 필름이 완전히 끊어졌다. 어떻게 집으로 돌아왔는지, 누가 데려다 줬는지에 대한 기억이 그 다음 날 전혀 나지 않았었다. 그것도 무려 7-8시간 동안의 기억이 끊겨버려서 당시에 '내가 어떻게 집으로 돌아왔지?'란 생각에 고개를 갸웃거리지 않을 수 없었다.

그런데 기도 중에 그때의 모습이 영상으로 펼쳐졌다. 대방동을 헤매던 내가 지하철을 타고 제기동역에서 내려서 고려대학교 뒤쪽에 위치한 우리 집으로 가야 하는데, 청량리역에서 내려 헤매다가 지하철레일로 떨어졌다. 그러자 등산복 차림의 어떤 사람이 나를 그곳에서 끌어내 주었다.

고맙다는 인사도 안한 채 나는 다시 지하철을 타고 어딘가로 비틀거리며 갔다. 다시 대방동이었다. 그곳에서 택시를 잡으려다 택시에 몇 번 치일 뻔하고, 그러다 어떤 공사장으로 가더니 모래 위에서 헤엄을 쳤다. 심지어 어떤 아파트 담을 뛰어넘다가 도둑으로 오인 받아 경비원에게 잡혀서 파출소 경찰에게 인계되는 모습까지….

"아이고 주여…. 저에게 왜 이런 추한 모습을 보여주시나이까?"

부끄러운 마음에 어딘가 숨고 싶은 그때 주님께서 내게 말씀하신다.

"대준아! 그때에도 내가 너를 살려 주었단다."

내 인생을 보살피고 주관하신 하나님의 완전하신 주권을 깨닫도록 하려 하심이었을까. 비틀거리는 나를 이끌어 집에까지 데려다 주신 분이 하나님이셨음을 그분은 말씀하고 계셨다.

잠시 후, 또 다른 그림이 펼쳐진다. 이번엔 미국이다. 미국의 캘리포니아 농장 주변. 아, 나는 대번에 그때의 그 일을 기억해냈다.

그날 우리는 나보다 1년 먼저 미국에 와서 석사과정 공부를 하고 있던 당시, 주경로 소령 및 이주만 대위 가정과 같이 캘리포니아 서부의 마늘 농장으로 투어를 가던 길이었다. 마늘 농장에 트랙터가 지나가고 나면, 지나간 자리에 주먹 크기의 마늘을 주우러 가는 게 당시 유학생들이 미국 사회에 익숙해져 가는 한 과정이었다. 이삭줍기와 같은 그 마늘 줍기의 재미가 쏠쏠해서 우리도 그날 소풍 삼아 가족들을 데리고 농장으로 향했다.

주경로 소령은 먼저 선발대로 농장으로 향했고, 이주만 대위가 우리 차에 앞서 가고, 나는 이주만 대위 차를 따라 갔다. 미국으로 유학 가자마자, 몇 년 전에 먼저 미국으로 이민 온 순복음교회 교인에게서 시세보다 싸게 구입한 중고 차량인 포드스테이션 8기통 웨건 대형승용차를 몰고 나는 의기양양하게 달렸다.

하지만 한참을 가도 마늘 농장이 나오지 않았다. 중간에 차를 멈춰 세우자 뒤에 앉은 네 살배기 딸 은혜가 내게 볼멘소리를 한다.

"안전벨트가 답답해. 아빠는 안전벨트를 매지 않으면서 맨날 우리한테만 안전벨트 매라고 해요?"

딸 은혜의 당돌한 한마디에 나는 아이쿠나 싶어서 얼른 안전벨트를 매었다.

"아이고, 내가 그랬네. 알았다. 잘못했어. 벨트 맬게."

아내와 나는 단단하게 안전벨트를 맨 뒤 다시 농장으로 향했다. 얼마쯤 갔을까. 우리나라로 치면 대관령 고개와 같은 비탈길의 코너를 돌게 됐다. 그런데 내가 운전하던 차량의 핸들이 너무나 예민했다. 손가락 하나만으로도 방향이 바뀔 만큼 포드스테이션 웨건 차량의 파워스티어링 핸들의 예민함은 소문이 나 있었다. 그래서 조심한다고 살짝 핸들을 돌린다는 게 과속에 방향이 맞지 않았던가보다. 눈 깜짝할 사이에 내 차는 급경사 코너를 돌지 못한 채 맞은편 언덕 밑으로 쏜살같이 질주하고 말았다.

상황은 너무나 아찔했다. 1차선으로 달리던 내 차가 맞은편 차선인 2차선을 넘어 순식간에 비탈길로 떨어졌고, 0.1초 사이로 맞은편 차가 쌩 하니 지나갔다. 하마터면 비탈길 아래로 떨어지기도 전에 맞은편에서 달려오던 차와 부딪쳐 박살날 상황이었다.

비탈길로 향한 우리 차는 처참하게 구겨졌다. 5미터 언덕 아래로 연속하여 몇 바퀴를 구르더니 차량 바퀴 네 개가 하늘을 향한 채 차가 완전히 뒤집혀 전복되고 말았다. 나보다 앞서 달리던 이주만 박사 차량이 언덕 위에 멈춰 섰지만 이 박사 일행은 다리가 떨려 차마 내려오질 못했다. 나중에 들은 얘기지만, 이 박사는 그때 우리 차량이 마치 영화에서 보는 것처럼 폭발할 거라 생각했다고 했다.

우리 차량의 앞 유리창은 비탈길 아래로 떨어지자마자 구슬처럼 흩어져 텅 빈 상태가 되었고, 나는 반사적으로 그 공간 밖으로 탈출을 했다.

'어? 이게 어떻게 된 거지?'

순간, 앞좌석을 보니 아내가 순간적으로 기절한 채 고꾸라져 있었다. 아내부터 서둘러 차 밖으로 꺼냈다. 그 사이 뒷좌석에 앉은 15개월 된 아들 은광이가 "앙!" 하고 울음을 터트렸다.

'아들도 살아 있구나.'

얼른 차 안으로 들어가 울음을 터트리는 아들을 차 밖으로 꺼내왔다. 동시에 우리 차량이 완전 전복된 사고를 목격한 용감한 미국 사람들이 차를 세워놓고 비탈길 아래로 내려오더니 차 안에 있던 딸아이를 꺼내 주었다. 그리고는 차가 폭발 할지 모르니 빨리 위쪽으로 피하라고 안내 해 주었다. 뒤이어 우리 가족은 신고를 받고 출동한 911대원들로부터 응급조치를 받았다. 그러자 911대원들 모두 탄성을 내질렀다. 놀랍게 도 우리 가족 모두 타박상만 입었을 뿐, 다친 데가 전혀 없었던 것이다.

한인교회 교포들은 나중에라도 후유증이 있을지 모르니 잘 살펴보 라 했지만, 몸의 한 군데도 이상 신호가 나타나지 않았다.

"차는 폐차 처분(Total loss)되어 완전히 찌그러졌는데 그 안에 탔던 사 람들은 어떻게 이리 멀쩡할 수가 있는가?" 사람들은 모두 그렇게 말하 며 놀라워했다. 평소 자신을 소개할 때, "나는 술 주(酒) 자에 가득할 만 (滿)을 써서 언제나 술 이 취할 정도로 가득 채워 술을 마시는 이주만입 니다"라고 소개하던 이주만 박사는 사고 직후 내게 이렇게 말했다.

"주 대위! 네가 평소 예수, 예수 그러더니 이번에 사고 나는 거 보니 까 난생 처음으로 예수 믿고 본전 찾은 사람 보았네! 나는 진짜 너네 식 구들 다 죽은 걸로 생각했거든. 그런데 이번에 보니 정말 하나님이 네 식구들을 살리신 것 같네. 야, 그런 하나님을 나도 좀 믿어보고 싶어."

이주만 박사는 너무 놀라 입을 다물지 못했다. 그의 고백대로 이주만 박사 가족은 이 사건을 계기로 교회에 나갔고, 지금은 너무나 신실한 하나님의 종으로 살아가고 있다.

그리고 우리 가족은 무사히 살아났을 뿐 아니라 생각지도 못한 차량 보상금까지 보험회사로부터 받았다. 1,850불에 주고 산 중고차량에 대한 보상금이 보험회사로부터 2,300불이나 나왔던 것이다. 그 차량을 내게 넘겼던 교포 집사님이 "이게 시세로 치면 2,300불인데 돈이 없으시다니 그냥 싸게 드리겠습니다"라고 했던 말 그대로였다. 감사한 마음으로 하나님께 영광을 돌렸다.

"하나님께서 지켜주셔서 우리 가족들이 살았습니다"며 간증까지 하고 다닐 만큼 그 사건은 우리에게 하나님의 보호하심에 대한 큰 은혜를 느끼게 했다. 그러나 내가 정말 죽음의 문턱까지 갔었고, 그 문턱에서 건짐을 받았다는 뼛속 깊은 고백은 사고 당시에는 해보지 못했던 것 같다. 하나님께서 나를 살려주셨다는 간증은 어디 까지나 그렇게 믿고 고백한 것일 뿐, 우리 가족을 살리시는 하나님을 내 눈으로 직접 본 것이 아니었기 때문이었다. 그래서 그 사건은 시간이 지나면서 기억의 저편에 그냥 묻혀 갔다. 그런데 인생의 방향을 완전히 돌려 하나님께 내 눈을 주목했을 때, 하나님께선 그 사고현장의 진실을 생생하게 보게 하셨다. 내 영 안의 눈을 뜨게 하시어 그때의 일을 사실 그대로 직시하게 하셨다.

그 진실은 '하나님의 손'이었다. 차가 5미터 비탈길로 굴러 떨어짐과 동시에 하나님의 손이 차 안에 있는 우리 가족 모두를 폭신하게 감싸 안아주셨다. 폭신하게, 너무도 폭신하게 감싸 안으셔서 우리 가족들은 털 끝 하나 다치지 않았던 것이다.

그러고 보니 우리 가족들 손이며 얼굴에 났던 상처는 사고 날 때 긁힌 게 아니었다. 내가 가족들을 차 밖으로 꺼낼 때 난 상처였다.

아…. 하나님의 완벽한 돌보심 앞에 내가 무슨 말을 더할 수 있었으랴. 같은 사건이라도 내 육신의 눈으로만 보는 것과 영안의 눈으로 보는 것은 그렇게 달랐다. 우리가 보지 못하고 깨닫지 못할 뿐이지, 하나님께서는 오늘도 내일도 변함없이 우리를 눈동자처럼 지키시며 수많은 기적을 베푸시는 분이셨다.

내가 주께 대하여 귀로 듣기만 하였사오나 이제는 눈으로 주를 뵈옵나이다(욥 42:5).

이 사실을 깨닫게 되면서 '하나님만이 우리 인생의 주인'이심을 고백하지 않을 수 없었다. 그분은 정말 무소부재하시고 전지전능하시며, 우리를 죽이기도 하시고 살리기도 하시는 우리 인생의 완벽한 주인이셨다.

"하나님, 하나님만이 제 삶의 주인이십니다."

이 고백을 드리면서부터 인생에 대한 내 해석이 180도 달라졌다. 하나님을 기쁘시게 하고 오직 하나님의 영광만을 위하여 살리라, 하나님 뜻을 따라 살리라는 고백이 저절로 터져 나왔다.

"여호와를 기뻐하라 그가 네 마음의 소원을 이루어 주시리로다"(시 37:4).

담배나 술을 끊는 게 문제가 아니었다. 주님을 위해서라면 목숨까지도 바칠 수 있다는 고백이 그냥 흘러나왔다. 그때부터 시작된 주님 앞에서의 고백은 그 후로도 계속 이어졌고, 주님께선 그런 나를 청와대전산실로 보내시며 말씀하셨다.

"내가 너를 이곳에 평신도 선교사로 파송했노라!"

주님께서 파송하셨다면 주님께서 하실 일이 있으시다는 뜻이었다. 그리고 실제로 주님께선 모든 일들을 직접 이루어가셨고, 나는 하나님의 청지기로서 그 모든 일들을 목격 한 증인이 되어갔다.

오직 성령이 너희에게 임하시면 너희가 권능을 받고 예루살렘과 온 유대와 사마리아와 땅 끝까지 이르러 내 증인이 되리라 하시니라(행 1:8).

2

기적, 기적, 기적
그리고 또 기적

현재의 고난과 장차 영광

신앙생활을 해 오면서도 이전까지의 나는, 나를 기쁘게 하거나 더러는 세상을 기쁘게 하거나 그러다가 간혹 하나님도 기쁘시게 하거나를 반복하던 사람이었다. 때로는 세상을 향해 질주하기도 했다가 문제의 장애물에 부딪히면 기도의 끈을 붙잡기도 했다.

그러나 때가 되자, 그런 나를 청와대 선교사로 파송하려고 하나님께서는 영적 트레이닝을 시키셨다. 청와대 들어가기 몇 년 전부터 말씀 공부와 새벽기도를 통해 거듭난 사람으로서 급격한 삶의 전환을 맞게 하셨고, 사명자의 삶에 다가올 고난까지도 감내할 수 있도록 연단하셨던 것이다.

사람이 거듭난다는 것은 내적인 기질이나 성향만이 아니라 인생의 목적과 방향이 완전히 달라진다는 뜻이다. 내 경우를 보면 그 말이 확실히 맞는 것 같다. 그전까지의 나는 다분히 내 인생의 성공을 위한 목적으로 하나님을 바라볼 때가 많았다. 그러나 거듭난 이후의 나는 어디서 무엇을 하든지 하나님의 영광과 그 나라를 위해 하나님을 바라보게 되었다. 나의 출세나 명예, 재물 등 세상의 떡을 갖기 위한 바라봄이 아니라 하나님을 기쁘시게 하기 위한 바라봄으로 바뀌었던 것이다.

그렇게 하나님을 바라보자 내게 또 하나의 변화가 찾아왔다. 그것은 고난이나 핍박을 두려워하지 않게 되었다는 점이었다. 아니, 현재 내가 당면하는 고난이나 역경, 시련과 좌절까지도 하나님께서 나를 더 크게 사용하시기 위한 섭리요 준비과정이라 믿게 되었다.

나는 이제 너희를 위하여 받는 괴로움을 기뻐하고 그리스도의 남은 고난을 그의 몸 된 교회를 위하여 내 육체에 채우노라(골 1:24).

사도 바울이 걸었던 길은 고난을 선택하는 믿음의 길이었다. 고난과 핍박이 뻔히 예견됨에도 불구하고, 하나님의 몸된 교회를 세우기 위해 기쁨으로 자원하여 그 길을 갔던 사람 이 바울이었다.

오늘날 세계 각지로 복음을 들고 떠난 수많은 선교사님들의 길이 이런 길이고, 이 땅에 이름 없이 자신을 태우며 빛을 발하는 믿음의 영웅들이 바로 이러한 길을 걷고 있다. 그런데 부족하고 연약한 내게도 이런 믿

음이 겨자씨 한 알처럼 찾아들었다. 내 능력이 뛰어나서가 아니라 하나
님의 성령이 내 안에 충만해질 때, 어떤 고난이나 핍박 앞에 무릎 꿇지
않게 된다는 걸 그때 알았다. 내 눈이 하나님으로 가득 차 있으면 현재의
고난을 장차 다가올 영광과 족히 비교할 수 없게 되는 것이 바로 '믿음의
비밀'이었다.

게다가 하나님께서는 그런 길을 가는 자에게 하늘로부터 오는 모든
신령한 은혜를 더하시며 기쁨으로 되갚아주시는 분이셨다. 청와대 역사
상 '예수를 믿는다는' 것을 이유로 가장 많은 퇴출 위험에 놓인 사람이
나였지만, 결국은 청와대경호실 역사상 처음으로 명예롭게 정년퇴직한
최초의 사람이 바로 내가 된 것은 그 단적인 증거였다.

나는 주님을 위해 아주 작은 고난을 택했지만 하나님께서는 나를 큰
영광의 자리로 인도하시며 끝까지 보호하고 계셨다.

기적, 기적, 기적…

권력의 심장부로 불리는 청와대라는 상징적인 곳에서 공직자 신분으
로 신우회 활동을 하다 보면 내가 하는 모든 것들이 냉소적인 시비가 될
때가 있었다. 책상 위에 놓인 내 성경책도 시비의 대상이었고, 책꽂이에
꽂혀 있는 교회 주보도 비아냥거리는 소재가 되었다

"전산실 주대준 과장이 근무시간에 하라는 일은 안 하고 성경책만 들
여다본다."

"주대준 과장은 사무실 PC와 사무용품을 이용하여 청와대 기독신우회 주보를 제작한다."

"컬러 프린트 잉크가 주보 인쇄 때문에 빨리 없어진다."

주보는 외부 인쇄소에 의뢰해서 제작했음에도 불구하고 종이 한 장 사용한 것을 열 장을 사용했다고 보고하고, 성경책도 점심시간을 이용해서 봤는데도 온종일 성경만 보는 사람으로 보고하는 일이 다반사였다.

수년이 지난 후 경호실 2인자인 경호차장이 되었을 때도 고위직임에도 불구하고 나를 향한 음해와 영적 공작은 끊임없이 계속되었다.

한번은 나에 대한 말도 안 되는 첩보가 청와대 민정수석실에 보고된 적이 있었다. 근무시간 중에 외부 기독교 집회에 가서 특강을 했다는 음해성의 허위 보고였다. 그게 사실이라면 나는 영락없이 보직 해임 등 중징계를 피할 수 없는 좋지 않는 상황이었다.

그러나 사실 관계를 정밀 추적한 결과, 보고된 그 날짜 기간 동안 나는 중국 북경에서 개최된 전 세계 경호관계관 회의 참석 차 우리 대표단을 이끌고 중국에 머무르고 있었다는게 판명되었다. 너무나도 명백한 알리바이로 나에 대한 모함은 말끔히 씻어낼 수가 있었다.

하지만 그런 일이 있을 때마다 나의 동향보고서에는 '요주의 인물, 예수쟁이'라는 영적 훈장과도 같은 이력이 한 줄 더 붙었다. 이러한 이력으로 인해 정권이 바뀔 때마다 나는 거의 퇴출 대상 1호로 분류되곤 했다. 새로 출범하는 정부의 청와대 고위층들에게 다양한 통로를 통해 나의 종교 이력이 실제보다 부풀려서 광신도처럼 전달되었던 것이다. 인사 심의 과정에서 내 이름이 거의 단골로 등장하다 보니, 주변 사람들은 나를 청와대에서 가장 먼저 나갈 사람으로 취급하기도 했다.

"야, 이번 정부에서도 인사 스크린 과정에서 주대준이가 퇴출 대상인 가 봐."

"그렇겠지. 청와대 근무하는 공직자라는 사람이 눈치도 없이 그렇게 예수에 미쳐서 살면 되겠어? 누가 그런 사람을 계속 쓰겠어?"

이런 얘기들이 무성하게 오갔지만 새 정부가 출범할 때마다 인사심의 결과 뚜껑을 열어보면 나는 항상 퇴출 대상에서 제외되어 있었다. 퇴출 대상은커녕, 오히려 위기 때마다 한 계급 승진하는 일까지 벌어지면서 나도 놀라고 같이 근무하는 사람들도 놀라워했다.

그 첫 번째 케이스가 내가 전산실장으로 근무하던 전산실이 통신처에 흡수 통합되어 없어지고, 정보통신처로 조직이 개편될 때였다. 당시 나는 수십 년간 청와대 통신을 관장해 온 통신 전문가들과 같이 평가를 받았는 데 그 결과, 핵심 보직인 정보통신기술심의관을 거쳐 청와대 정보통신을 총괄하는 정보통신처장으로 승진되는 놀라운 일을 경험하게 되었다.

나는 이 일을 두고 '기적'이라고 밖에는 말할 수가 없었다. 아무리 봐 도 나는 통신처장으로서의 전문성과 합당한 실력을 갖춘 사람이 아니기 때문이었다. 전산 프로그래머로서는 충분한 실력을 갖춘 전문가로 인정 을 받았지만 청와대 내, 외곽의 통신기능과 특수통신, 도감청, 전파 등의 청와대 전반적인 통신을 총괄하며 대통령 국정지휘통신망을 관장하는 통신 분야 전문성 면에서는 부족한 점이 많았다. 또한 이미 수십 년째 청와대 통신처에서 근무해 온 통신 전문가들이 많았던 터라 하필 내게 그 중요한 보직이 맡겨질 이유가 없었다. 전적으로 하나님께서 인도하셨다고 밖에는 달리 설명할 방법이 없었다.

그래서 나는 통신처장으로 임명받은 뒤 밤이고 새벽이고 통신 분야 공부에 열을 내느라 하루 몇 시간 잠을 제대로 자보지 못했다. 그런 가운데서도 나는 아침에 눈을 뜨면 가장 먼저 하나님께 무릎을 꿇고 그분으로부터 오는 지혜와 총명을 간구했다.

"하나님, 이 업무를 통해 하나님의 영광을 드러낼 수 있도록 하나님의 지혜와 총명을 부어주시옵소서!"

값없이 부어주신 하나님의 은혜와 나의 부족함을 알았기에 그 기도는 간절할 수밖에 없었다. 그런 기도를 드릴 때마다 하나님께서는 내적 음성으로 내게 이런 말씀을 하셨다.

"내가 너에게 준 달란트 IT(정보기술)로 경호의 패러다임을 바꿔라!"

시대는 더욱 최첨단 기술이 도입되는 정보화 기반 사회로 진입하고 있었다. 이제 더 이상 대한민국의 경호도 힘의 논리로 지배하고 통제하는 산업화시대 경호 개념을 고수할 때가 아니었다. 나는 기도하고 일어설 때마다 '경호도 과학이다', '이제 대한민국의 경호를 IT 기반의 유비쿼터스 경호시스템으로 혁신해야 한다!'는 내적 요구 앞에 마음을 새롭게 다지곤 했다.

그러나 막상 IT 기반의 유비쿼터스 경호체제를 구축하는 일은 쉬운 일이 아니었다. 만에 하나 전자적인 결함으로 오차가 발생하여 대통령의 신변에 위협이 가해진다면 누가 책임질 수 있단 말인가. 만에 하나 발생할 수 있는 기계적인 결함과 오차 앞에서는 '첨단 과학기술'이라는 이름도 위축될 수밖에 없는 게 현실이었다. 그래서 더욱 이 과정을 진행할 때마다 확인하고 또 확인하는 일이 필요했고, 그런 과정을 거치는 동안 청와대의 경호시스템은 점진적으로 과학화가 이루어져 나갔다.

그 경호 과학화의 증거가 2005년 12월, 부산 해운대 벡스코에서 열린 아시아태평양경제협력체(APEC) 유럽 정상회담 행사였다. 미국, 러시아, 중국, 영국 등 선진 21개국 정상들이 참석한, 건국 이후 가장 큰 규모의 국제 정상회담을 준비하면서 나는 부산과 서울을 오가며 얼마나 많은 기도를 드렸는지 모른다. 당시 우리는 첨단 IT기술을 적용하여 '유비쿼터스 경호시스템'을 적용했기에 우리가 할 수 있는 한 최선을 다한 후 마지막 결과는 하나님께 의뢰할 수밖에 없었다. 아무리 인간이 완벽하게 준비하더라도 혹시 발생할 수 있는 전자적 결함이나 오차는 인간의 능력과 한계를 초월한 초자연적인 법칙 안에 들어가는 일이기 때문이었다.

감사하게도 하나님께선 이 정상회의를 통해 대한민국의 선진 경호 위력을 유감없이 발휘하도록 이끄셨다.

모두들 "대한민국 경호 최고!"를 외치며 아낌없는 찬사를 보내주었다. 부산 APEC 행사 전이나 후에도 세계 어느 국가에서도 이렇게 완벽한 경호시스템과 의전으로 국제행사를 치룬 관례가 없었다.

행사를 마치자 나는 청와대 정보통신처장으로서의 임무를 무사히 종료했다는 안도감에 감사기도를 드렸다.

그리고는 이제 더 이상 청와대 안에서는 나의 보직이 없다는 사실과도 직면했다. 그래서 행사를 마친 후 사무실로 돌아오자마자 나는 일찌감치 보따리를 싸서 다음 행보를 준비했다. '그동안 하나님의 은혜로 내 능력을 초월해서 청와대 정보통신처장까지 했으니 이제 하나님께서 보내주실 새로운 사역지가 어디일까?'라는 기대감으로 하나님의 뜻을 기다리며 기도드리는 마음으로 연말까지 대기를 하고 있었다.

그런데 이 무렵, 정부 각 부처의 조직기구가 '본부-팀제'로 구조조정이 되는 데 영향을 받아 경호실 내부에서도 기존의 '처-부-과' 개념의 조직구조를 '본부-팀제'로 구조조정 하는 작업이 시작되었다. 이번에는 '정보통신처'와 '행정처'를 통합하여 '행정본부'로 조직을 하나로 개편하는 일이 벌어졌다. 내가 처장으로 근무하는 정보통신처가 행정처로 흡수, 통합이 되면서 '행정본부'라는 이름으로 구조조정이 된 것이다.

이때 나는 강하게 반발했다. 나의 자리를 보전하기 위함이 아니었다. 정보화 시대에 가장 중요한 부서인 정보통신처를 없애고 행정처로 흡수, 통합한다는 것이 납득되지 않았던 까닭이었다. 나는 이미 처장으로서 임기가 만료되었지만 정보통신 업무를 수십 년간 담당해 온 후배들을 위해 정보통신 부서장으로서 그냥 있을 수가 없었다. 수백 명의 직원들이 참석하여 조직개편에 대한 공청회를 하는 자리에서 나는 30여 분 이상 조목조목 부당성을 지적하며 열변을 토했다. 그것이 내가 청와대를 떠나면서 마지막으로 해야 할 일이라 믿었던 것이다.

그런데 얼마 후, 또 다시 내게 기적이 찾아왔다. 인사심의 결과, 조직

개편을 강하게 반대했던 내가 초대 행정본부장으로 임명된 것이었다. 행정처의 업무 범위나 규모로 봐서 정보통신처보다 족히 두 배나 더 큰 조직이었다. 개편된 조직의 부서명도 정보통신이란 단어가 사라진 '행정본부'였다. 이렇게 되면, 전임 통신처장은 사임하고, 행정처장이나 다른 보직자들을 본부장으로 승진하거나 임명하는 경우가 관례이기에 조직 내에서조차도 나를 초대 행정본부장으로 임명할 줄은 아무도 예상하지 못했다.

더군다나 행정처 업무는 청와대의 크고 작은 모든 살림살이를 총괄하는 일이었다. 전산과 통신을 하던 사람이 행정본부장으로 임명되었으니 이번에는 청와대의 정보통신은 물론 청와대 전반적인 업무를 모두 총괄하게 되었다.

'주님, 제가 이 일을 할 수 있을까요?'

이 두 번째 기적 앞에 감사 고백을 드리면서, 한편으로는 엄청난 부담과 대면해야 했다. 그러나 기도하며 주님을 바라보면 주님께서는 모든 업무적인 능력까지도 부여해 주시는 분이셨다. "내게 능력주시는 주님 안에 있을 때 모든 것을 할 수 있다"는 빌립보서 4장 13절 말씀은 진리였고 사실이었다.

하나님께서는 이 말씀을 주시며 내게 기도하게 하셨다. 청와대 뒷산의 나무 한 그루, 풀 한 포기부터 땅 한 뼘까지도 관리하는 총괄본부장으로서 청와대 구석구석을 돌며 기도하도록 이끄셨다. 정말 청와대 뒷산 계곡에서부터 능선을 따른 본관, 관저를 거쳐 앞뜰까지 어느 한 구석도 내 발끝이 닿지 않은 곳이 없을 만큼 새벽부터 밤까지 다니며 열심히 맡은 업무를 관장했다. 그리고 열심히 일하는 만큼 대통령과 이 나라를 위해 간절한 기도의 눈물도 함께 뿌렸다.

당시 내가 해야 할 주된 일 중 또 하나는 수십 년간 서로 다른 부서에게 일해 온 본부 내 10여 개 팀의 직원들에게 단순한 물리적 통합을 넘어 이질적 요인들이 완전히 녹아내린 조직의 화학적 통합을 이루는 일이었다.

나는 이 일을 위한 소통의 첫 단계로 매주 금요일 일과 후에 본부 내 각 팀의 직원들을 한 곳에 모아서 테이블별로 융합시켜 식음료를 마시며 '토크 데이(Talk day)'를 시행했다. 업무적으로 여유가 있는 토요일 이른 아침에는 자율적으로 희망자끼리 삼삼오오 모여 인왕산으로 등산을 함께 하고 내려와 올갱이 해장국으로 아침식사를 같이하며 소통의 장을 확대했다. 직원들 생일 때는 티타임을 갖고 개인적 애로사항과 집안 사정을 듣고 격려해 주면서 성경책을 선물로 주면서 기도해 주었다. 때로는 작은 선물들을 건네며 가능한 한 많이 베풀려고 노력했다.

또한 수백 명으로 늘어난 본부 직원과 다양한 기능의 업무를 보다 효율적으로 관리하기 위한 리더십과 경영 능력을 함양하기 위해 연세대학교 경영행정대학원 최고경영자(AMP)과정에 자비로 등록해서 배우는 데에도 힘을 썼다. 그 때문에 나는 다양한 기관과 대그룹의 관리자들과 교류하면서 서로의 리더십과 조직관리 기법, 노하우를 습득할 수 있었고 행정본부장 임무수행에 큰 도움을 받을 수 있었다.

동시에 나는 청와대 시설물을 관리하는 환경미화, 보일러 기계실, 영선반, 식당, 이발소, 수전반, 차량 운전, 정비 등 청와대가 정상적으로 가동되도록 보이지 않는 곳에서 수고를 아끼지 않는 기능직과 하위직 직원들의 사기진작과 자기 업무에 대한 자긍심을 심어 주기 위해 많은 노력을 기울였다. 사람은 누구나 자기 업무를 이해하고 자신의 고충을 알아주면 지위고하를 막론하고 마음을 열어 소통하게 되어 있다. 나 역시 자칫 조직에서 소외되기 쉬운 그분들과 소통하면서 '조직의 리더에게 가장 중요한 덕목은 조직원의 마음을 얻는 것'이란 소중한 체험을 할 수 있었다.

그런 여러 일들을 돌아보면, 청와대 행정본부장 시절은 가장 힘들었지만 가장 큰 보람도 안겨 준 시절로 기억된다. 그래서인지 청와대를 떠나 온 지 수년이 지난 지금도 행정본부장 당시의 직원 중에서도 하위직이나 기능직 직원들로부터 가장 많은 연락을 받곤 한다.

그 후, 내게는 또 다시 기적이 찾아오게 되었다. 행정본부장으로 근무한 지 1년이 조금 지날 무렵, 이번엔 노무현 대통령으로부터 경호차장으로 임명받은 것이다. 행정본부장, 경호본부장 등 몇명의 본부장 중에 경호실장을 보좌하며 경호실 전체 조직을 관장하는 경호실의 2인자인 경호차장에 왜 내가 임명되었는지 나 자신도 알 수 없었다.

물론 외부적으로는 '힘의 논리에 의한 통제 위주의 경호시스템을 IT 기반의 유비쿼터스 경호과학화'로 전환하는 데 기여했다는 평가가 있었다. 특히 2005년도 부산 벡스코에서 개최되었던 APEC 정상회의 당시,

21개국 정상의 숙소가 바다를 낀 해운대 지역에 밀집하게 놓여 있는 최악의 경호 상황에도 불구하고, 첨단 IT기술로 완벽한 경호를 펼침으로써 대한민국 경호수준의 위상을 제고시켰다는 공적을 인정받기도 했었다.

게다가 대한민국은 명실공히 IT 선진국으로서 글로벌 영역을 확장시켜 나가는 추세였고, 전 세계로 뻗어가고 있는 국가 정보화의 바람이 청와대 안에서 IT 전문가로 정평이 나있던 나를 주목했던 것 같았다.

그렇다고 해도, 내가 어찌 나의 능력으로 경호실의 2인자인 경호차장으로 임명받을 수 있단 말인가. 더군다나 나는 경호원 출신도 아니지 않은가. 하나님께서 행하신 기적이라고 밖에는 말할 수가 없었다. 결국 그 일로 인해 청와대 경호실 역사상 처음으로 IT 전문가가 경호차장이 되는 새로운 역사가 쓰였다.

그렇게 경호차장까지 임명받고 나니 더 이상의 기적은 바라지도 않았고 바랄 수도 없었다. 나는 이제 충성을 다해 경호차장으로 일하다가 정권이 바뀔 때 조용히 청와대를 떠나 여생을 오직 주님 앞에서 힘써 달려가리라 계획하며 기도하고 있었다.

그런데 이명박 대통령께서 당선되고 정권이 교체된 후, 청와대경호실 안에는 또 하나의 이변이 생겼다. 지난 정부의 경호차장인 내가 다시 청와대 조직이 개편된 대통령실의 경호처 경호차장으로 연임되는 정말 기적 같은 일이 또 발생한 것이다.

경호실 차장은 차관급으로 청와대 안에서도 고위직에 속한다. 따라서 정권이 바뀌면 경호실 차장이 교체되는 게 당연한 수순이었다. 수평적 정권교체로 평가하는 DJ정부 당시에도 참여정부가 출범하면서 경호실 장, 차장을 포함한 고위 간부는 모두 교체되었다. 그런데 역대 경호차장 중에 유독 나만 2개 정부에 걸쳐 경호차장으로 재임명 받는 경호실 역사상 초유의 기록이자, 또 하나의 기적의 역사가 일어난 것이다.

그리고 지난 2008년 12월. 나는 대통령경호실법에 정한 연령정년 만 55세로 퇴직을 했다. 경호실 창설 50년 역사에 고위간부로는 최초 정년퇴직을 한 것, 이것 역시도 기적 중에 기적으로 평가할 수 있는 일이었다.

돌아보면, 20년간 다섯 분의 대통령을 모시는 동안, 나 개인에게만 놀라운 변화가 찾아온 게 아니라 경호실 업무적으로도 상당한 변화가 찾아왔음을 알게 되어 더욱 감사를 드리게 된다.

그중 하나가 대통령경호실법에 정한 대통령 당선자 경호에 관한 일이다. 경호법상 대통령 당선이 확정되는 순간부터 당선자는 청와대경호실의 경호를 받도록 법에 명시되어 있다. 그러나 김영삼 대통령 이후 역대 대통령 당선자를 위해 경호실에서 사전에 당선자 경호팀을 편성하여 경호준비를 완료하고 있었음에도 불구하고, 후보 시절 캠프에서 경호를 담당했던 사설 경호팀과의 알력 때문에 당선확정 순간에 경호실에서 대통령 당선자의 경호를 인수한 관례가 없었다. 빨라야 당선된 몇 주 이후부터가 고작이었다. 그러다 보니 대체로 인수위 기간 동안에는 후보 시절부터 경호를 전담해 왔던 사설경호팀과 경호실 전담팀이 공동으로 경호를 해 왔었다.

하지만 2007년 12월 19일 22시경, 한나라당 이명박 후보가 대통령으로 당선이 확정되는 순간, 경호차장 신분으로 한나라당 당사에서 당선자 경호전담 팀장과 함께 대기하고 있다가, 즉시 당선자를 경호했다. 그리고 다음날 아침, 염창동 한나라당 당사에서 사설경호팀을 모두 모아 당선자께서 격려와 기념사진 촬영을 하고 해체시켰다.

이것은 경호실의 업무 중 중요한 대통령 당선자 경호임무를 새롭게 정립한 관례이며, 2012년 12월에 어느 당의 후보가 대통령에 당선되더라도 당선이 확정되는 순간부터 경호처에서 경호를 전담할 수 있도록 당선자 경호시스템을 정립시킨 사례로 남을 만한 일이었다.

또 하나는, 대통령 당선자의 주거환경과 관련된 문제였다. 경호실에서는 인수위 기간 동안 대통령 당선자의 경호를 고려하여 가장 안전한 장소에 숙소를 마련하고 있다. 그러나 앞에 열거한 세 분의 대통령 중 어느 누구도 인수위 기간 중에 경호실에서 제공한 안전한 가옥에서 지내신 적이 없었다. 모두 사저에서 생활하시다가 취임식 이후 청와대 관저로 바로 들어오셨다. 하지만 내가 경호차장으로 재직 당시에 어느 당 후보가 대통령으로 당선되든지 간에 인수위 기간 동안에 경호실에서 준비한 안전한 곳으로 모시어 지내시도록 사전준비를 철저히 했다. 그래서 이명박 대통령 당선자 내외분이 당선되신 지 이틀 만에 안가로 모실 수 있었다. 이와 같은 일이 중요한 것은 경호실의 가장 중요한 임무가 대통령 당선자의 신변안전을 확보하는 일이기 때문이다. 0.1초의 눈 깜빡이는 순간조차 그냥 흘러가는 대로 놔둘 수 없는 곳이 경호실이 아니던가.

그래서 나의 청와대 근무 시절을 되돌아보면, 내가 승승장구하며 승진했던 일들보다 대통령 경호시스템 과학화와 대통령 당선자의 안전을 위해 과거의 관행을 깨고 당선자 경호체계를 새롭게 정립한 일들이 더 큰 보람이며, 기적이란 생각이 든다.

그리고 그 모든 일들이 결국 '하나님께서 나에게 부어주시는 지혜와 전적인 은혜' 속에 이루어졌음을 고백하지 않을 수 없다. 나의 조건이나 능력 때문이 아니라 오직 하나님의 섭리와 인도하심으로 모든 일들이 이루어졌음을 아는 까닭이다.

나는 그저 하나님을 바라보며 기도드렸고 내가 할 수 있는 한 최선을 다했으며, 하나님을 기쁘시게 하는 삶을 살려고 노력했던 것밖에 없었다. 그런데 하나님께선 그런 내게 기름을 부으시며 나를 세워 주셨다. 나를 사용하셨고, 내 뿔을 높이 드셨다. 너무나 부족한 나를 하나님의 능력으로 존귀의 옷을 입히시며 기적으로 인도하셨다.

하나님은 그런 분이셨다. 나의 능력을 바라보고 위축되기보다는 "네 입을 넓게 열라 내가 채우리라"는 말씀을 붙잡고 최선을 다할 때, 하나님의 능력을 입혀주셔서 불가능한 일도 가능할 수 있게 만들어 주시는 분이셨다. 또한 작은 고난을 선택하는 자에게 영광의 면류관을 씌워 주시는 그분이 바로 하나님이셨다.

여호와를 기뻐하라 그가 네 마음의 소원을 네게 이루어 주시리로다(시 37:4).

장거리 경주의 승리 비결

청와대 퇴직 후, 사람들은 가끔 내게 묻는다. 지금도 청와대를 생각하면 서운한 감정이나 가슴에 맺힌 게 없냐고. 그 말의 뜻은 20여 년 동안 청와대 근무 중에 행여나 청와대에서 받은 상처가 앙금으로 남아 있는 것이 없냐는 말이다. 많은 영광도 있었지만 많은 핍박도 받았으니 아무래도 좋은 기억으로만 그 시절을 추억할 순 없을 것 같다는 얘기다.

그러고 보니, 많은 사람들은 자기가 머물던 곳을 떠나온 후에 "그쪽을 향해 소변보기도 싫다"는 말을 하곤 한다. 진절머리 나는 상처가 여전히 그 머리와 가슴을 지배하기 때문인 듯하다.

하지만 나는 청와대를 바라보면 여전히 감사가 넘치고 마음이 너무 평안하고 좋다. 새벽마다 밤마다 뜰을 밟으며 기도했던 곳, 한 사람의 영혼이라도 더 구원하려고 주의 복음을 뜨겁게 전했던 곳, IT 강국 대한민국을 바라보며 컴퓨터를 붙잡고 씨름했던 곳, 다섯 분의 대통령을 모시는 동안 그분들을 위해 밤낮없이 눈물로 기도했던 곳, 나를 향하신 하나님의 계획과 섭리를 너무도 생생히 체험했던 곳…. 아무런 회한이나 고통 없이 나는 청와대 근무 시절을 그렇게 행복하게 추억한다. 그리고 감사가 내 온몸을 뒤덮는다. 물론 고통스런 일들이 없었던 건 아니었다. 이 책에서 다 밝히지 못한 온갖 모함에도 참 많이 시달렸었다. 그러나 내 마음속에는 그 어떤 아픈 자국이나 원망도 남아 있지 않다. 그 역시 주님의 말씀이 내 삶에 치유제요 회복제로 작용했기 때문이리라.

청와대 기독신우회 예배를 준비할 때면 이 말씀이 내게로 찾아오는 경우가 참 많았다. 나를 핍박하는 사람, 나를 모함하는 사람들의 얼굴이 예배 전에 떠올랐기 때문이다. 그러면 나는 그때마다 자신에게 묻곤 했다.

'너, 그 사람들 용서했니?', '만약 예수님이시라면 어떻게 하셨을까?'

나는 이 질문에 대한 답을 하기 위해 예수님의 십자가를 먼저 바라보곤 했다. 내 죄를 씻기 위해 십자가에서 피 흘리신 예수님, 그분이 나를 용서하셨고 나를 사랑하셨다. 그 사랑이 얼마나 큰지 내가 아직 죄인이었을 때에 나를 위해 죽으면서까지 나를 향한 그 사랑을 확증해 보여 주셨다(롬 5:8). 예수님의 그와 같은 사랑을 묵상하면 나를 핍박했던 사람들의 잘못은 아무것도 아님을 알게 되곤 했다. 죄인인 날 위해 예수님께선 대신 죽기까지 하셨는데, 내가 용서하지 못 할 사람, 품지 못할 사람이 어디에 있단 말인가.

일만 달란트 빚을 탕감 받은 사람이라면 백 달란트 꿔간 사람을 용서하는 게 당연한 일이고, 이치임을 주님의 말씀은 그렇게 알려주고 계셨다.

"주님, 저를 용서해 주셔서 감사합니다."

누군가를 향한 미움에 잠깐이나마 괴로워하던 나는 하나님께서 주시는 말씀 앞에 결국은 감사기도로 마무리할 수 있었다. 그러면 내 안에 있던 작은 원망이나 미움까지도 완전히 사라지는 걸 발견할 수 있었다.

돌아보면 주님께서 내게 명하신 형제에 대한 용서와 사랑은 궁극적으로 나를 지켜주시기 위함임을 알게 된다. 만약 내가 그 시절에 분노와 미움에 집중했다면, 나를 핍박하는 상대방보다 내가 먼저 망가지고 넘어졌을 것이다. 그리고 지금까지도 청와대 시절을 기억하며 이를 갈았을지도 모른다. 그러고 보면 우리가 하나님 말씀을 지키는 것 같지만 사실은 하나님 말씀이 우리를 지켜준다는 걸 새삼 깨닫게 된다. 모든 평안의 비밀은 말씀 안에 다 들어 있다는 것이다. 그래서 나는 나의 청와대 장기근속 비결을 묻는 사람들에 게 단 한마디로 대답할 수 있을 것 같다. 그건 바로 '말씀'이라고.

그리고 청와대 근무 시절을 돌아볼 때 아픔이 없냐고 묻는 사람들에게도 확신 있게 대답할 수 있을 것 같다. 청와대 근무는 내게 축복 그 자체였노라고….

3

자녀는
하나님의 기업이다

세 겹 줄의 사랑으로

'타닥, 타닥, 타닥….'

정년퇴직 후, 오늘은 이곳, 내일은 저곳으로 전국을 누비며 하루 종일 움직이는 나의 이동거리는 상상 이상으로 길었다. 그런 바쁜 일정 중에도 집으로 돌아오면 언제나 내 귀엔 아내가 치는 노트북 자판 소리가 평안하게 들려온다.

"오늘은 몇 시간째 치고 있어?"

"무슨 몇 시간째예요? 나야, 늘 아침부터 저녁까지 이것밖에 하는 게 더 있어요?"

벌써 몇 년 째다. 아내는 밥 먹는 시간을 제외하곤 하루 15시간 이상 노트북 앞에 앉아 마치 고시 공부하듯 말씀을 입력한다. 어떤 날은 밤을 새워 말씀을 입력할 때도 있다. 창세기부터 요한계시록까지 1년 동안 노트북으로 입력한 말씀만 해도 성경 전체를 총 5-6독 이상의 분량은 족히 될 것이다.

그런 아내 모습을 보고 있으면 지나간 시간들이 떠올라 '내가 참 아내를 잘 만났구나' 하는 생각이 든다. 뭐라 고마움의 표현을 하고 싶지만, 막상 말을 하려면 잘 되지 않고 기껏 해야 가끔씩 바느질하고 있는 아내에게 이렇게 말한다.

"여보, 당신도 이제 좋은 옷도 좀 사 입고 그래."

그러면 무뚝뚝한 아내는 이렇게 받아친다.

"무슨 옷을 사 입어요? 옷도 많은데, 이런 거야 뭐 꿰매 입으면 되지!"

몸에 밴 검소함과 뛰어난 절제력으로 아내는 가정을 참으로 잘 지켜왔다. 청와대 기독신우회장 활동을 하다보면, 윗분들과의 갈등으로 언제 퇴출될지 모르는 위기가 닥치고 한치 앞을 예측할 수 없는 영적 전쟁이 심할 때는 "여보, 내가 호떡 잘 굽는 거 알죠? 만약에 당신이 예수복음으로 인해 핍박을 받아 청와대에서 잘리면, 내가 호떡 장사라도 해서 먹여 살릴 테니까, 당신 용기 잃지 말고 하나님만 바라보며 당당하게 신우회장 직분 잘 감당하세요"라고 말해 줬던 당찬 반려자다.

하지만 아내와 나도 보통 가정의 부부 이상으로 갈등과 트러블이 심했다. 특히 내가 '기도 굴 사건' 이후, 미친 듯이 하나님께 집중하자 아내의 저항이 만만치가 않았다. 보통의 여자라면 누구든 부부가 알콩달콩 재미있게 사는 일상을 최고의 행복으로 여기는 것처럼, 아내 역시 그렇게 살고 싶은 소박한 꿈을 가진 여자였다.

그런데 남편이란 사람이 날마다 새벽기도를 다니는 것은 물론, 주일에는 새벽부터 교회에 나가서 봉사하고 오후에는 노방전도 나갔다가 밤늦게 들어오며, 평일에도 퇴근한 후에 산 기도 하러 올라갔다가 새벽에나 내려오고, 그러다 때로는 어린 아들 은광이까지 데리고 기도원을 다녀오니 아내가 보기엔 남편이 광신자처럼 보였을 것이다. 심지어 일 년에 한두 번 휴가를 받아도, 휴가를 떠나는 건지 부흥회를 가는 건지 분간이 안 될 정도로 오직 복음전파에 시간을 쏟았고, 집에서 출발할 때부터 말씀과 찬양테이프를 틀어놓은 뒤에 사람들이 모인 곳에 다다르면 가족들을 다 내려서 전도지를 뿌리게 했으니 말이다.

평소에도 나는 자녀들에게 영성훈련을 시킨다면서 첫딸 은혜와 아들 은광이를 청와대 주변의 공원이나 사람들이 많이 모인 곳으로 데리고 가서 길거리 전도를 하게 했다. 청와대 직원들이 거주하는 아파트마다 전도지를 돌리며 트레이닝을 했던 것이다.

모처럼 맞는 공휴일에도 가족들과 오붓하게 보내기보다는 신우회 사역을 한다며 신우회원들과 보육원, 양로원을 다니며 봉사를 나가곤 했다. 그러면서도 청와대에서 끊임없이 퇴출 위기의 구설수에 오르내리니 아내가 받는 압박과 외로움은 너무나 컸을 것이다.

그런데도 나는 그런 남편을 둔 아내 자리의 외로움을 미처 헤아리지 못했다. 아내는 "하나님만 바라보지 말고 나도 좀 봐 달라"였는데, 나는 오히려 아내에게 좀 더 기도하고 헌신해야 한다고 역설하곤 했다. 하나님 앞에 세운 나의 계획표대로, 하나님 앞에 내기 시작한 나의 속도대로 따라와 주지 않는 아내를 서운해 하고 야속해 했다. 청와대 기독신우회 사역 초기에는 부부 관계의 갈등이 깊어 우리 부부의 보폭은 좀처럼 맞춰질 줄 몰랐다.

그러나 시간이 지날수록 이 문제 역시 '예수님을 바라보는 데' 그 해법이 있음을 서로가 알게 되었다. 아내가 내 걸음의 속도를 늦출 수도 없었고, 내가 아내 걸음의 속도를 빠르게 할 수도 없었다. 내가 할 수 있는 것은 하나님 말씀대로 살아가는 것뿐이었다.

그러므로 교회가 그리스도에게 하듯 아내들도 범사에 자기 남편에게 복종할지니라 남편들아 아내 사랑하기를 그리스도께서 교회를 사랑하시고 그 교회를 위하여 자신을 주심 같이 하라(엡 5:24-25).

예수님께서 교회인 나를 어떻게 사랑하셨는지를 생각하면 내가 어떻게 아내를 사랑해야 하는지 알 수 있었다. 나를 향하신 예수님의 사랑은 오래 참는 사랑이었고, 목숨까지 내어주는 사랑이었으며, 나의 보폭에 맞춰주는 사랑이셨다. 그렇다면 나는 남편으로서 아내에게 그런 사랑을 해야 했다. 그렇게 사랑하고 나머지 문제는 하나님께만 맡기면 될 일이었다.

아내 역시 믿음의 여인이었기에 갈등의 시간 속에서 예수님을 바라보며 답을 찾아갔다. 남편인 나를 더 존중해 주고 순종해 주는 모습을 넘어, 나중에는 하나님을 향한 아내의 바라봄이 나보다 더 뜨거워져서 나를 오히려 채찍하고 도전하는 사람이 되었다. 그래서 나는 지금도 아내가 하는 말이라면 대체로 순종하는 편이다.

부부관계의 문제도 두 사람이 팽팽하게 싸운다고 해결되는 게 아님을 예수님께선 이 일을 통해 알려주셨다. 예수님과 남편, 예수님과 아내라는 세 겹 줄의 관계 속에서라야만 그 관계의 얽히고설킨 문제가 심플하고도 완벽하게 해결될 수 있었다. 예수님을 바라보는 것만이 인생의 실제적인 문제를 푸는 완벽하고도 유일한 비법임을 가정사 안에서도 확인할 수 있었다.

한 사람이면 패하겠거니와 두 사람이면 맞설 수 있나니 세 겹 줄은 쉽게 끊어지지 아니하느니라(전 4:12).

자녀들은 하나님이 키우셨다

아내도 그렇지만, 자녀들을 바라볼 때도 나는 하나님께 감사드릴 일밖에 없다. 만약 내가 하나님을 믿지 않았다면, 아니 믿었더라도 하나님께 온전히 맡기는 믿음의 비밀을 알지 못했다면 나는 자녀를 망치는 아버지가 되었을 게 뻔하기 때문이다.

매사에 철저하게 계획하고 빈틈없이 움직이는 내 성격상, 나는 은혜와 은광이도 그렇게 키웠다. 하루 스케줄을 짜고, 한 달 계획표를 짜고, 1년간의 장기 계획을 세워서 아이들에게 아버지의 일방적인 계획표대로 지킬 것을 강요했다. 그러면서도 아이들에 대한 사랑이 지나쳐서, 나의 부모로부터 받아보지 못한 사랑을 자녀들에게 보상해 주듯 쏟아내는, 소위 딸바보, 아들바보가 바로 나였다. 눈에 넣어도 아프지 않을 만큼, 나는 아이들을 사랑했다.

그런데 그렇게 사랑하는 자식들이 사춘기에 접어들자 나의 교육 방식에 급격하게 저항하기 시작했다.

'아, 내 마음과 내 뜻대로 안 되는 게 있구나.'

한동안 자식들을 고치려고 소리도 지르고 싸움도 해 봤지만 자식을 이길 도리가 없었다. 그것이 내겐 그렇게 큰 절망 일수가 없었다. 외부적으로 거대한 싸움이 있고 핍박이 있어도 흔들리지 않았던 내가 자녀들의 작은 반항에는 급격하게 마음이 흔들렸다. 하나님 앞에 엎드렸다.

"하나님, 제가 아버지로서 어떻게 해야 합니까?"

내가 낮은 마음으로 엎드리자 하나님께선 내 뜻대로 키우지 말고 하나님 뜻대로 키우라는 감동을 주셨다. 하나님의 뜻대로 키우라고요? 처음엔 하나님의 뜻대로 키운다는 게 무엇인지 명확하게 잡히지 않았다.

하지만 시간이 지날수록 하나님 말씀의 의미를 알게 되었다. 그것은 하나님께 기도하며 그분께 자녀를 맡기라는 뜻이었다. 나는 두 아이에게 옷을 사줄 수는 있지만 마음과 생각은 사줄 수가 없었다. 나는 두 아이에게 계획표를 짜줄 수는 있지만 그 계획표대로 움직이고 싶은 의지와 의욕은 심어줄 수가 없었다.

그걸 행하시는 분이 하나님이셨다. 하나님께서는 하나님의 시간대에 하나님의 뜻에 따라 두 아이를 움직이실 분이시다. 두 아이를 지으시어 이 땅에 보내시고, 두 아이의 진짜 아버지 되시는 하나님의 사랑과 능력을 신뢰한다면 내가 조바심을 낼 이유가 없었다. 이 아이들을 가장 잘 아시는 하나님께서 하나님의 방법대로 인도하실 것이기 때문이다.

말씀 안에서 이런 깨달음을 얻게 되면서부터 나는 두 아이를 '고객' 개념으로 바라보게 되었다. 이 아이들은 내 자식이기 이전에 하나님께서 내게 잠시 맡기신 하나님의 자녀가 아닌가. 내가 해야 할 일은 그저 아이들의 입장으로 돌아가 최선을 다해 아이들의 필요를 채워주는 일밖에 없었다. 또한 아이들이 하나님의 손 안에서 바르고 건강하게 자라도록 기도해 줘야 할 책임이 있었다.

그때부터 나는 불같은 내 성격을 다스리는 일부터 시작했다. 그중 하나가 이가 아플 정도로 치아를 꼭 깨무는(?) 일이었다.

어려서부터 그림 그리기를 좋아했던 딸아이 은혜는 사춘기에 접어들면서 방문을 열어볼 때마다 공부 대신 그림을 그리고 있을 때가 많았다. 워낙 공부를 잘하던 영특한 딸이었기에 그 전 같았다면 불호령이 떨어졌을 상황에서, 나는 이가 아플 정도로 치아를 깨물며 머리나 쓰다듬어주고 나오곤 했다. 때로는 용돈을 몰래 더 얹어주며 사고 싶은 것을 사라는 격려도 아끼지 않았다.

그 대신, 말씀암송이나 기도훈련과 같은 영적 트레이닝은 열심히 받도록 했다. 모든 지식과 지혜의 보화가 말씀 안에 있고, 그 말씀을 알아야 아버지 하나님께서 두 아이를 양육하실 때 아이들이 알아들을 수 있기 때문이었다.

감사하게도 은혜와 은광이는 그런 영적 훈련에 잘 동참해 주었고, 말씀과 기도의 양분을 먹고 자란 두 아이들은 하나님의 지도 속에 건강하게 잘 자라 주었다. 나의 첫 번째 간증 책『바라봄의 법칙』에서 고백했던 대로, 두 아이들은 하나님의 때가 되니 스스로 하나님을 찾았고, 하나님을 경험하며, 그 하나님을 붙잡고 꿈을 꾸며 비전을 이루는 삶을 살아가고 있다.

이런 과정이 있어서였을까. 나는 지금도 두 아이를 볼 때 면 하나님이 키우셨다는 사실이 실감되어 나도 모르게 감사가 터져 나온다. 내 기질대로, 내 욕심대로 키웠다면 이 아이들이 어떻게 자랐을지 생각만 해도 아찔하다. 하나님께선 하나님을 의뢰하는 두 자녀를 양육하시며 가장 선하고 복된 길로 인도하셨다.

너는 범사에 그를 인정하라 그리하면 네 길을 지도하시리라(잠 3:6).

하나님의 지도 아래 순종하다

자녀들을 하나님께 완전히 맡기는 '의뢰' 고백이 있은 후, 실제로 나는 하나님께서 직접 그 길을 지도하시고 인도하신다는 걸 많이 목격할 수 있었다. 그중의 하나가 아들 은광이의 병역특례 기간에 생긴 일이다.

서울과학고등학교를 조기졸업한 후 카이스트에 들어가서 공부하던 은광이는 2004년에 군 입대를 앞두게 되었다. 나는 평소 국가관대로 아들에게 현역 입대를 강력하게 권했다. 대한민국 남자라면 최전방 철책선에서 초병 근무를 하면서 나라를 지켜야 한다는 평소 소신 때문이었다. 아들 역시 한때는 해병대에 지원하려고 체력을 단련하며 준비한 적도 있었다. 그러나 아들은 전공과목을 공부하며 해킹방지 프로그램을 개발하고 연구에 몰두하면서 생각이 바뀌었다. 자기 전문지식을 산업발전을 위해 기여하는 것도 국가를 위하는 길이라면서, 선배들의 사례를 들며 나의 고정관념과 패러다임을 바꾸도록 설득했다. 사람마다 자기의 재능과 달란트를 갖고 국방의 의무를 감당하는 방법이 다양한데, 자기 같은 경우는 오히려 병역특례 업체에 가서 학교에서 배운 전문지식으로 근무하는 것이 애국하는 길이며, 나라의 발전에 기여할 수 있다는 논리였다.

평소에도 아들 은광이는 아버지가 고위공직자라는 사실을 숨기고 살만큼, 독립적이고 의지가 강했던 터라 나는 아들의 발언 속에서 느껴지는 국가관을 존중하기로 했다. 그렇게 해서 아들은 카이스트 전산학과에서 배운 IT 전문지식과 그 전에 갖고 있던 정보처리기사 자격증으로 ○○회사에 병역특례자로 근무하게 되었다. 하지만 내 마음은 편치가 않았다. 목숨까지도 내걸고 국가원수를 지키는 경호원들의 일상을 늘 보기 때문인지도 모르겠다. 나는 아들에게 이런 조언을 했다.

"은광아, 네 친구들은 추운 최전방에서 총 들고 국방의 의무를 감당하는데 너는 따뜻한 집에서 잠자며 군복무를 대체하는 게 마음이 편치 않구나. 네가 정말 국가를 위해 헌신하고 싶은 마음이 있다면, 병역특례근무 기간 동안이라도 집을 떠나 고시원에서 생활하며 출퇴근했으면 좋겠다."

고맙게도 아들은 내 말에 순종해서 신림동에 조그마한 고시텔을 얻어 숙식을 하면서 아침 8시부터 저녁 6시까지는 ○○회사에서 근무하고, 밤이면 틈틈이 고시학원에 가서 공부를 했다. 1년 후, 사법고시 1차 시험을 치렀더니 한두 개 차로 떨어졌을 뿐, 1년만 더 집중하여 공부하면 1차 시험에는 거뜬히 합격하리라는 예상이 나왔다. 영특하고 성실한 아들이 참으로 자랑스럽게 느껴졌다.

아들 역시 조금만 더 분발하면 되겠다 싶은 마음이 들었던가보다. 하나님 앞에 마음을 재무장하고 오겠노라며 어느 날 기도원엘 들어갔다.

며칠 후, 은광이를 만나 어떤 응답을 받았는지를 물었다. 아들은 기도원에서 꿈을 꿨는데, 고시에 합격하는 꿈을 꿨다고 했다.

"그것 봐라. 네가 열심히만 하면 무난히 합격할 수 있다."

그런데 그때, 아들 입에서 뜻밖의 말이 나온다.

"그런데요 아빠, 아무래도 저 고시 공부하는 게 하나님 뜻이 아닌 거 같아요."

"응? 그게 무슨 말이냐? 합격하는 꿈을 꿨다며?"

"네. 열심히 하면 고시에는 합격할 거 같아요. 그렇지만 기도할수록 이건 아닌 것 같아요. 제가 고시에 합격하면 누가 좋아하겠어요? 아빠와 친척 분들은 엄청 좋아하시겠지요. 하지만 가까운 데 있는 아빠 친구 분들만 해도 그 일이 썩 달갑지 않으실 거예요. 그분들의 아들은 전방에서 밤낮 가리지 않고 총을 들고 국가를 지키고 있는데, 청와대 고위층의 자식이란 놈이 서울 시내에서 병역특례근무나 하면서 고시까지 패스하면 그분들이 느낄 상실감이 얼마나 크겠어요? 하나님께서 이 일을 기뻐하지 않으실 것 같아요."

아들의 말을 듣고 보니 내 마음이 섬뜩했다.

'내 생각이 경솔하고 짧았구나, 내가 큰 화를 자초할 뻔 했구나.' 깨우침을 준 아들에게 나도 즉시 답했다.

"그래, 은광아, 네 말이 맞다. 고시 공부하는 거 당장 철회해라. 나는 그저 네가 남들 군 생활 하듯이, 너도 3년 동안 열심히 살기를 바랐을 뿐인데, 잘못했다가는 많은 사람들에 게 상처를 줄 수 있겠구나."

그때부터 아들은 고시원에서 철수하여 집에서 ○○회사로 남은 기간 동안 출퇴근 근무를 하게 되었다.

그런데 병역특례근무 기간이 해제되는 2006년도 3월이 되니, 회사에서는 아들에게 민간인 신분으로 재계약을 맺고 몇 달만 더 근무해 달라 요청했다. 은광이가 팀을 이뤄 개발하던 프로그램이 중국 해커들의 게임 침투를 막는 '보안 패치 프로그램'이었기에 은광이가 그 시점에 빠져나가면 팀워크에 문제가 생길 수 있다는 이유였다. 3월에 병역특례 근무를 마치고 6월에 유학 갈 계획을 세워놓고 있던 참이라 상당히 난감해 했다. 이번엔 내가 아들에게 권유했다.

"유학 가는 것을 8월로 연기하더라도 하던 일은 마쳐주고 가는 게 사람의 도리 아니겠니?"

아들 은광이도 이 말에 동의를 했다. 3월에 병역특례가 끝나자 은광이는 이제 일반인 신분으로 회사와 재계약을 맺어 계속 회사를 다니게 되었다. 주말이나 시간적 여유가 있을 때는 종종 소외계층 자녀들에게 과외지도를 하며 유익한 시간을 보냈다.

그런데 그 후, 놀랄 만한 사건이 벌어졌다. 2006년 4월부터 정부 고위공직자 및 우리 사회의 특권층 자녀들의 병역특례 비리가 대대적으로 수사선상에 오른 것이다. 대상은 청와대를 포함한 정부부처 고위층 자녀들 수백 명이었다. 그들에 대한 병역특례근무 자격 등 비리 여부를 파악하는 수사가 대대적으로 진행되었다.

조사 범위는 다양했다. 주로 IT 전공자가 아닌 사람이 병역특례를 위해 IT 자격증을 취득하여 변칙으로 근무하는 경우와, 아침에 출근부만 찍고 허위근무를 하는 경우가 수사 대상이었다. 휴대폰과 카드 내역을 조사해서 출근 후 지정된 근무 장소를 벗어난 경우가 포착되면 무조건 법에 저촉된 것으로 여기는 다소 모순된 병역특례법 앞에 모두들 긴장하지 않을 수 없었다. 정당하게 병역특례근무를 했다고 해도 문젯거리를 찾아내 시비를 걸면 약자가 될 수밖에 없는 사람들이 공직자들이었고 공인이었다.

그런데 그 조사 시점이 참 미묘했다. 하필이면 은광이가 병역특례근무를 마치고 민간인 신분으로 재계약을 해서 다니고 있던 시점이었다. 그 때문에 수사기관에서는 굳이 은광이를 조사할 필요성을 느끼지 못했다. 회사에서 얼마나 필요한 사람이었으면 근무 기간이 해제된 요원에게 높은 연봉을 줘가며 재계약을 맺었을 지를 생각해 보면, 우리 은광이는 누가 봐도 병역특례 적격자라 분명하게 여겨질 수밖에 없었다.

이 수사 과정 동안, 병역특례근무자 중 한 명이 일과 후에 고시학원에 다니며 공부하여 사법고시에 합격한 일이 화제가 된 적이 있었다. 과연 정상적으로 병역특례근무를 하면서도 사법고시에 합격할 수 있겠는가의 여부가 우리 사회의 상식과는 맞지 않는다는 것이었다. 그 때문에 정상적인 병역특례근무를 하면서는 도저히 고시에 패스할 수 없다는 논리로 그 사람은 불이익 판정을 받게 되었다.

이 사건을 접하며 나는 1년 전의 일 앞에 탄복할 수밖에 없었다. 만약 나의 짧은 생각으로 아들에게 고시공부를 계속 강요했다면, 그리고 아들이 공부를 해서 고시에 합격했다면 어떤 일이 벌어졌을까를 떠올려봤다. 특히나 우리나라에는 지구상 어느 나라에도 없는 '정서법'이라는 것이 존재하지 않는가. 사람들의 일반적인 정서로 볼 때, 아들이 만약 성실하게 병역특례근무를 하면서 고시에 패스했더라도, 아들의 고시 패스는 아들과 나에게 올가미로 다가왔을지도 모른다. 또한 병역특례근무가 해제된 이후 그 회사를 그만두었더라면 역시 병역특례 비리 수사 대상자에 포함되어 사소한 시비 거리에 휘말렸을 지도 모를 일이었다.

지나고 나서 돌이켜 보니, '여호와 이레' 예비하시는 하나님의 은혜가 놀라울 뿐이다. 기도 중에 아들의 걸음을 멈추게 하신 하나님, 또한 기도 중에 병역특례 기간 해제 후에도 ○○회사에 민간 신분으로 재계약해서 계속 근무하도록 하신 하나님, 그 하나님께서 지도하시는 대로 따라가는 길만이 우리가 가야 할 길이고, 하나님의 자녀들이 가야 할 길임을 그 사건은 내게 다시 한 번 알려주었다.

4

사명자는
하나님께서 사용하신다

내 인생 2모작의 미션은 '사이버보안'

2008년 12월, 만 55세 연령정년으로 영예로운 퇴직을 하던 날에는, 그 어느 때보다 하나님의 은혜가 가슴 벅차게 다가왔다. 아무런 능력이나 실력이 안 되었던 나를 불러 청와대를 바라보게 하시고 꿈꾸게 하신 하나님, 그리고 그 꿈을 품고 최선을 다할 때 꿈꾸었던 일들을 그대로 이루어주신 하나님, 그 하나님의 이름은 임마누엘이었고 여호와 닛시였다. 부족할 때도 많았고 연약할 때도 있었지만, 하나님께서는 그분 자신의 이름을 위해 내 걸음을 승리로 이끄셨다.

하나님을 바라보는 사람만큼 수지맞은 사람이 이 세상에 또 어디 있을까. 하나님을 바라보면 그분은 자신의 이름을 위해 우리의 걸음을 의의 길로 이끄신다. 나의 연약함이나 악한 본성이 때론 낭떠러지로 향하는 길을 선택하게도 하지만, 우리가 하나님을 바라보고 있는 한 그분께서는 하나님의 이름을 위해 반드시 우리를 의의 길로 이끄신다. 그 하나님을 믿고 바라보기에 나는 퇴직 후의 삶도 하나님께 의뢰하며 평안 중에 하나님께서 뜻하신 길을 찾아나갈 수 있었다.

사실 일반직 공무원 중에도 국장급 이상의 고위 공직자는 대부분 50대 중후반의 나이에 퇴직을 하지만, 이때야말로 하나님 앞에 가장 생기 있게 달려갈 수 있는 때인 것 같다. 앞만 보고 달려온 인생의 전반부에서 배우고 경험한 지혜를 인생의 걸음을 이끄시는 하나님 앞에 겸손하게 내려놓고 하나님의 뜻에 따라 쓰임 받을 수 있는 시기이기 때문이다. 이 시절이 되면 자녀들도 독립하기 시작하고, 부부 사이에는 눈빛만으로도 호흡이 맞춰진다.

내게도 이런 시절이 주어지자, 나는 2009년도 한 해를 33년간의 공직생활에 대한 보상으로 받은 안식년이라 믿으며 하나님께 그 시간을 풀타임사역자처럼 내어드리고 싶었다. 청와대 공직 생활을 하는 동안에도 주말이나 주일을 이용해서 전국을 다니며 말씀을 전하긴 했지만, 그때마다 뒤따르는 구설수 때문에 많은 제약을 받아야 했다. 하지만 이제는 아무런 간섭 없이 마음껏 말씀을 전할 수 있도록 하나님께서 나의 신분을 자유롭게 해 주신 것이 얼마나 감사했는지 모른다.

그래서 나는 내 인생의 전반부인 공직생활을 잘 마치도록 인도하신 하나님께 감사드리며 사회봉사활동을 병행함과 동시에, 전국 40여 개 교회를 다니며 내가 만난 하나님을 증거하고 간증하는 일에 집중했다. 돌아보면 그 시기는 내 인생 최고로 가슴 벅찬 기쁨 속에 지낸 시기였다.

그런 와중에 나의 후반부 사역을 결정해야 할 일들이 많이 생겼다. 우선은 역대 경호차장을 역임한 전직 경호차장들은 퇴직 후 일정기간이 경과하면 국가기관장으로 재임명을 받아 2-3년 근무하는 관례가 있었다. 나는 별의의 없이 나도 그 길을 가게 되리라 예상하며 마음의 준비를 하고 있었다. 정부에서도 나의 IT 전문성과 사이버보안 전문가로서의 능력을 고려하여 그쪽 분야의 기관장으로 임명하려 했다. 그러나 생각지 못한 변수가 생기면서 결과는 전혀 다른 방향으로 흘러갔다.

이 일을 겪으면서 나는 다시 한 번 하나님 앞에 마음의 중심을 세우게 되었다. "지금까지 나의 길을 인도하여 주신 분이 여호와 하나님이시듯이 앞으로 남은 내 인생의 후반부 길을 인도하시고 결정하여 주실 분도 오직 하나님 한 분"이심을 확고하게 믿고 기도드렸다. "이제는 세상 기준이 아니라 어디든 주님께서 원하시고 인도하시는 대로 가겠습니다. 순종하겠습니다"는 고백이 저절로 터져 나왔다.

정부에서 임명하는 직위를 포기하고, 모든 것을 하나님께 맡기고 기도하기 시작한 이후, 마치 봇물 터지듯이 여러 곳으로부터 제의가 들어왔다. 미국 4년제 대학교의 IT 학부장을 비롯해서 모 기독방송국 사장, 사립대학교 부총장 청빙, 모 IT 그룹의 부회장 영입 등이 그것이었다.

'어디로 가야 합니까?'

기도하는데 어느 곳으로도 마음이 움직여지지 않았다. 내가 너무 미적거리는 것 같아 그중의 한 곳으로 움직이려고도 했지만, 기도할수록 마음은 확정지어지지 않았다. 그러던 중 모교인 한국과학기술원(KAIST)의 전산학과 교수의 길이 열렸다. 너무도 뜻밖이었다. 한 번도 생각지도 못했고 바라보지도 못했던 교수직이라니….

그러나 기도할수록 "이때를 위함이었다"는 하나님의 승인하심이 벅차게 다가왔다. 지난 세월 동안 나는 청와대 정보화 관리자 CIO, 정보보호 관리자 CSO로 근무하면서 쌓인 현장의 경험과 노하우를 학술적 이론에 접목시키는 연구를 수 십 년간 해 왔었다. 그 결과 「신종, 변종 해킹탐지기법 사전예측 모델 연구」 논문을 작성하여 SCI에 등재된 저널에 발표하면서 카이스트에서 공학박사 학위를 취득했었다. 그런데 그 모든 일이 이때를 위함이었다니…. 하나님께서는 내가 청와대 근무를 하면서 불철주야로 연구하며 공부했던 그 모든 것들을 조국을 위해 아낌없이 사용하기를 원하고 계셨다.

때는 바야흐로 IT 강국이라는 대한민국이 전 세계 해커들의 공격을 받아 국가 사이버안보가 허물어지던 시점이었다. 고속 인터넷망이 전국에 퍼져 인터넷이 매우 활성화 되어 있는 것에 비해 보안이 취약하다 보니 우리나라의 사이버 세상은 해커들의 먹잇감이 되고 있었던 것이다. 관광객이 많이 몰리는 이탈리아에서 지갑을 훔치기 쉬운 것처럼, 사이버 환경이 잘 발달되어 있는 우리나라야말로 전 세계 해커들의 공략 대상이 될 수밖에 없었다.

사정이 이렇다보니 대한민국의 기관이나 기업체에서는 정보보호 전문가를 찾고 있었다. 카이스트의 서남표 총장께서도 오늘날 사이버 월드, 사이버 위기 시대에 카이스트가 국가에 공헌하는 대학이 되어야 한다면서, 국내외 우수한 학자들을 청빙하고 사이버보안 분야 학문의 특성상 현장 경험이 풍부한 전문가를 물색하여 교수 영입을 진행하려 하고 있었다. 그러던 중에 내가 전산학과 교수로 임용되어 카이스트에 들어가게 된 것이었다.

하나님께서는 그렇게 나를 카이스트로 부르셨다. 사이버공간에서의 위협이 국가안보를 비롯한 국민의 안전까지 위협하던 시점에, 허물어진 조국의 사이버안보를 담당할 한 사람으로 불러서 내게 미션을 부여하셨다. 청와대에서 경호원들과 함께 대한민국을 지키던 경호차장에게 이번에는 과학기술의 메카인 카이스트에서 대한민국 사이버안보 리더십 회복을 위해 '사이버의 경호실장' 파수꾼이 되라는 명을 내리셨다.

"아멘! 할렐루야!"

주님께서 주시는 사명이 확인되자 더 이상 다른 말이 필요 없었다. 나는 즉각 대전으로 내려가 카이스트 전산학과 교수로 활동하기 시작했다.

사이버보안연구센터를 설립하다

카이스트는 이 나라의 산업화 초창기 시절에 정부특별법인으로 설립되어, 지난 40년 동안 대한민국이 선진국 반열에 들어서기까지 경제 성장 동력의 핵심 엔진 역할을 하며 반도체, 컴퓨터, 기계, 통신, 조선, 생명, 우주항공, 원자력 분야의 국가경쟁력을 주도해 왔다.

그런데 최고의 IT 과학기술 인재를 양성하는 카이스트에서조차 사이버보안만큼은 아직 준비가 미흡한 실정이었다. 이미 미국을 포함한 선진국에서는 미래의 사이버 월드 패권을 차지하기 위해 국가 차원에서 보안 전문가를 양성하는 현실과는 대조적인 모습이 아닐 수 없었다.

이러한 때에 카이스트 교수로 막 부임한 내게, 교무행정을 총괄하는 교무처장님은 "카이스트에서도 10년 전부터 사이버보안 분야를 준비하려고 노력했으나 정부와의 협조 문제 등 여러 가지 요인으로 아직 실현되지 못했다"면서 "현장과 이론을 겸비한 주 박사님께 기대가 크다"는 강한 격려와 주문으로 부담을 주셨다.

서남표 총장님 역시 인사 차 방문한 내게 "정부 예산이 지원되는 정부출연기관인 카이스트가 정보보호 분야의 세계적인 교수들과 팀을 이뤄 국가 사이버안보에 공헌할 수 있는 '사이버보안연구센터'를 설립하라"는 지시를 내리셨다.

카이스트가 어떤 대학교인가를 생각할 때 그것은 너무도 놀라운 일이 아닐 수 없었다. 전공 분야별로 세계적인 석학들이 모인 이 시대 최고의 지성집단이 바로 카이스트가 아닌가. 수십 년간 공부한다 한들 나 같은 사람은 학문적인 영역에서 명함조차 내밀 수 없는 곳이라 할 수 있었다.

그런 카이스트에 반드시 내가 해야 할 블루오션과도 같은 단 한 분야가 남겨져 있었으니 바로 '사이버안보'였다. 사이버안보 분야 전문가 중에서도 카이스트는 유독 나처럼 현장과 이론을 겸비한 사이버보안 전문가를 찾고 있었다. 이 사실을 알게 되면서 나는 마치 하나님께서 나의 퇴임 후의 일자리를 카이스트에 미리 선점해 두신 것만 같았다.

그러고 보니 하나님께선 이때를 위해 10년이란 긴 세월 동안 청와대에서 수십 번, 수백 번 포기하고 싶었던 연구를 포기하지 않도록 이끄신 것이었다. 그것도 현장의 문제점을 이론에 접목하여 날밤을 지새우며 연구하도록 내 연구방향까지 간섭하셨다. 바로 이때에 카이스트에서 국가를 위해 일하도록 하나님께서 나를 세밀하게 인도하고 계셨던 것이다.

이러한 하나님의 섭리를 깨닫게 되면서부터 나의 걸음은 더욱 바빠졌다. 카이스트를 세계 최고의 사이버보안 메카로 만들기 위해서는 우선 먼저 국내 최고의 전문가를 영입하는 일뿐 아니라 청와대와 정부부처의 협조를 받는 일이 중요했다. 이러한 목적달성을 위해 나는 청와대와 정부부처를 뛰어다니면서 협조를 구했다.

그럴 때마다 '왜 하필 카이스트에 사이버보안연구센터가 설립되어야 하는지'에 대한 질문을 자주 들었다.

그 질문에 대해 나는 "대한민국 사이버안보를 위한 국정원(NCSC, 국가
사이버보안센터)과 방송통신위원회(KISA), 검찰/경찰청의 사이버테러 수사
대가 있는데, 왜 하루가 다르게 사이버 해킹 사고는 날로 증가하고 있
는가?", "IT 강국다운 사이버안보 체제 구축을 위한 다른 대안은 없는
가?"라는 반문으로 질문에 답하면서, 현실의 문제점을 카이스트만이
해결할 수 있음을 주장하곤 했다.

"대한민국 이공계 인재의 산실인 카이스트는 IT 과학기술 분야에서
세계 20위권으로 평가받고 있는 글로벌 상위 수준의 연구 중심의 과학
기술대학교입니다. 그것은 곧 카이스트에 모여드는 인재를 잘 양성하
면 사이버보안 분야에서도 스티브 잡스, 빌 게이츠 같은 세계적 경쟁력
을 갖춘 정보보호 전문가를 양성할 수 있다는 뜻입니다. 그럴 때 카이스
트 사이버보안연구센터가 대한민국의 사이버보안 강화를 넘어 세계 최
고의 사이버안보 메카로 자리매김을 할 것입니다."

청와대와 지식경제부, 기획재정부 등 정부 부처를 다니며 발품을 팔
면서 여러 질의를 받고 응답하는 이런 과정 속에서 나는 국가 사이버안
보의 비전과 마스터플랜을 제시하였다.

그러기를 몇 달, 드디어 지경부로부터 사이버보안 신기술 개발 및 인
력양성 R&D 기금을 지원받기에 이르렀다. 그리고 국내 최고 수준의 사
이버보안 전문가를 연구원으로 영입하는 데 많은 공을 기울였고 그 일
이 현실화되면서 기적처럼 카이스트에 '사이버보안연구센터'가 세워졌
다. 전산학과 교수로 부임한 지 불과 몇 달 만의 일이었다.

카이스트에서 지난 10년 동안에도 이루지 못했던 일이 불과 몇 개월 사이에 이루어지자, 사이버보안연구센터의 센터장을 맡은 나 자신뿐 아니라 연구원으로 영입된 모든 연구원들의 결의는 더욱 뜨거울 수밖에 없었다. 기존의 대학교 내 연구센터들은 정부로부터 연구기금을 지원받아 SCI급 연구논문 몇 편을 발표하면 그것을 최고의 성과를 낸 것인 양 만족하고 끝내버리는 분위기가 있었다. 그러나 국가 사이버안보를 책임진다는 사명감으로 기적처럼 사이버보안연구센터가 세워진 만큼, 우리 센터에서는 기존 대학교 연구센터의 패러다임을 바꾸겠다는 각오로 상용제품 개발을 위해 밤을 밝히고 새벽을 살며 연구에 매진했다. 이 사실을 입증이라도 하듯 주일에 예배를 드린 후 대전으로 내려가 보면 연구소의 불만큼은 늘 환하게 켜져 있었다.

우리가 해야 할 연구의 핵심은 하루에 수만 개씩 발생하는 악성코드 해킹 프로그램을 사전에 분석하여 해킹 사고가 발생하기 전에 '악성코드 유포지 정보'를 분석하여 국가 사이버관제기관에 제공함으로써 국가 사이버보안 사고를 줄이는 것이었다.

이를 위해서는 악성코드를 사전에 탐지하기 위한 첨단 신기술 개발이 필요했다. 이런 기술은 내가 박사과정 연구논문으로 설계했던 기법과 유사하기도 한데, 백신으로도 치유가 불가한, 지금까지 침입한 적이 없었던 신·변종 악성코드를 사전에 탐지하는 방식이라 할 수 있다. 악성코드가 발견된 후 백신을 투입해 치료하는 현재의 방식을 뛰어넘어, 이제는 어떤 해킹기술로 침투해도 추론을 통해 사전에 탐지하고 방호

할 수 있는 첨단 해킹탐지기법을 연구하는 것이다.

그런데 2011년 12월 19일, 마침내 우리 연구센터에서는 국내 전문 벤처기업인 '빛스캔'과 공동 개발하여 1차로 일본의 중견 보안그룹인 IWI사와 60억 원 규모로 사이버보안 서비스 수출 계약까지 체결했다. 우리나라가 개발한 원격사이버 보안기술이 까다롭기로 유명한 일본 보안시장에 수출되는 건 사상 처음 있는 일이었다. 더구나 이런 기술은 글로벌 유명 기업인 IBM과 HP도 상용화 하지 못한 기술이라는 점에서 국내 사이버보안 기술의 진가를 해외에 과시하는 계기가 되었다.

또한 2012년부터는 국내 최고 수준의 전문 연구원을 더 충원하여 다른 서비스들도 더 개발, 일본 시장을 교두보로 국산 사이버보안 서비스 기술이 세계로 뻗어나갈 수 있도록 연구에 박차를 가할 예정이다.

사이버보안이 국가 경쟁력이다

이 시대 최고의 화두는 사이버보안이다. 세계는 지금 미래의 사이버 패권을 차지하기 위해 국가 차원에서 사이버보안에 사활을 걸고 있다.

세계 최강이라는 미국의 무인 정찰기가 이란에 해킹 당해 추락한 일이나 인공위성까지 해킹당하는 현실은 우리가 해킹 천국 시대에 살고 있음을 보여준다. 몇 년 전, 「다이하드 4」라는 영화에서 보여준 대로, 해커가 전력, 교통, 수도 등 국가 기간망을 파괴하여 국가 기능을 마비시키고 한 국가를 전복시키는 사이버테러 전쟁이 이제 현실세계에서도 가능한 일이 되었다는 것이다.

앞으로 다가올 사이버테러 전쟁의 양상 또한 지상, 해상, 공중전 및 우주전쟁에 이어 제5의 전쟁이라고 불릴 정도로 지금까지 존재하지 않았던 모습으로 등장할 것이다.

따라서 사이버안보 대책의 패러다임 또한 이제는 전폭적으로 전환시켜야 할 때가 왔다. 기존 사이버 테러 기구나 기능을 확대하는 소극적인 대처 정도가 아니라 이제는 사이버안보 문제를 범국가적 차원에서 대응해야 할 때가 왔다는 뜻이다.

그런 면에서 나는 카이스트의 사이버보안연구센터의 설립이 카이스트라는 한 대학교의 문제가 아니라 믿는다. 그것은 대한민국의 사이버안보를 강화하여 미래의 사이버 테러 전쟁에 대비하는 차원이라 할 수 있다.

그래서 나는 사이버보안연구센터의 설립과 동시에 정보보호대학원을 신설, 정보보호 석·박사과정 학생을 선발하여 세계적인 경쟁력을 갖춘 정보보호 영재 화이트해커를 키워 내는 일에도 박차를 가하고 있다. 그렇게 카이스트에서 사이버보안 정예 전문가들이 양성되면 그들을 정부기관, 연구소, 산업체에 사이버 보안관으로 파견하여 대한민국의 정보보호 수준을 글로벌 최고 수준으로 업그레이드하는 데 집중할 수 있을 것이기 때문이다.

물론 이를 위해서는 인력 양성 비용이 적잖이 들 수 있다. 하지만 앞으로 다가올 사이버 테러에 따른 사회적 비용을 따져보면 그것은 조족

지혈에 불과하므로 이 일은 우선적으로 추진해야 할 시급한 과제 중 하나라 믿는다.

카이스트 교수로 부임한 지난 2년 간, 나는 이 모든 일들을 진행하는 데 중심에 서 있었다. 일을 진행하면서 나 자신, 깜짝깜짝 놀랄 때가 얼마나 많았는지 모른다. 카이스트에 부임하면서부터 많은 것을 바라보며 기도하긴 했지만, 막상 카이스트에선 내가 바라본 것뿐 아니라 바라보지 못했던 일들까지 신속하게 이루어지는 것을 목격했기 때문이었다. 어쩌면 하나님께서 이 모든 일들을 준비해 놓고 기다리고 계셨다는 느낌마저 들었다.

내가 크게 입을 열어 부르짖어 기도할 때, 하나님께서는 그 이상의 것들을 보여주시는 분이셨다. 내가 바라본만큼이 아니라 그 이상의 것들을 이룰 수 있는 분, 그분이 바로 하나님이셨다.

이처럼 내 인생의 후반기는 내가 생각하지도 못하고 꿈꿔 보지도 못하고 바라보지도 못했던 놀라운 일들을 경험하는 시간으로 채워지고 있었다. 대전의 한 대학교의 카이스트에서 하나님께서는 그 일들을 이루고 계셨다.

청와대 경호차장이 카이스트 부총장으로

카이스트 전산학과 교수로 부임한 지 불과 7개월이 지났을까. 서남표 총장님이 카이스트 이사회로부터 총장 임기 4년 연임을 승인받고 2기 총장 업무를 시작할 무렵에 나를 부르셨다.

6·25전쟁 이후 고등학교 2학년 때 미국으로 유학을 떠났다가 만 70세에 카이스트 총장으로 청빙 받아 한국에 오신 서 총장님은 여러 특이한 이력을 가진 분이셨다. 미국 생활 중 미국 연방정부의 NSF 국가과학기술재단에서 5년 동안 대통령 임명 직위인 차관보를 지내며 전 미국의 과학기술 개혁을 성공시킨 분, 모교인 MIT 기계공학과 학과장을 10년 이상하면서 MIT를 세계 최고의 공과대학으로 개혁하고 성장 발전시키는 데 크게 기여한 분, 또한 세계 저명한 공대 교수들이 포진한 MIT에서도 발명 특허를 가장 많이 연구한 교수 중 한 분으로 기록된 분이기도 했다.

그런 업적으로 인해 서 총장님은 미국에서 여러 기업의 경험을 거친 뒤 모 주립대학교 총장직 청빙을 요청받기도 했지만, 당신의 노후를 조국을 위해 바치겠노라는 각오로 카이스트 총장으로 부임하여 한국의 대학 교육 개혁을 외치는 바람에, 도처에 잠복해 있는 기득권 세력들과 만만치 않은 싸움을 치르고 연일 언론과 사람들 입에 오르내리기도 하셨다.

비단 교육개혁뿐만이 아니었다. 고령임에도 하루 2-3시간밖에 잠을 자지 않는 총장님의 행보는 교수들 사이에서도 자주 회자되곤 했다.

"새벽 1시에 이메일을 드렸는데 답장이 새벽 2시에 왔어."

"나는 새벽 4시에 드렸는데, 6시에 답장이 오던데."

낮이든 새벽이든 두 시간 간격으로 이메일 답장을 보내시는 분이 서 총장님이라 카이스트 사람들 사이에선 '잠도 안자는 분'으로 정평이 나 있었다. 평생을 학문과 씨름하며 살아왔다는 흔적이 역력했다.

그러나 한국에 온 지 몇 년이 안 된 터라 가끔씩은 한국문화에 대한 조언이 필요할 때가 있었다. 그날도 나는 총장님과의 면담 시간에 솔직하게 말씀드렸다.

"총장님, 이제는 영어보다 한국어가 훨씬 더 자연스러울 정도로 한국어에 익숙해 지셔야 합니다. 또한 더 중요한 것은 한국인의 사고방식과 생각 구조를 이해하는 데 익숙하셔야 합니다. 한국에는 미국에 없는 정서법이라는 것이 있습니다. 한국인의 정서와 생각, 사고방식을 잘 이해하셔야 합니다."

평소 직언을 자주 하던 나의 이미지를 아신 터라 총장님은 껄껄 웃으시며 대화를 이어가셨다.

"주 교수님, 오늘은 주 교수님의 조언을 들으려고 부른 게 아닙니다. 오늘은 주 교수님께 카이스트의 대외부총장직을 맡아 달라고 요청하기 위해 오라고 했습니다."

"예? 총장님! 제가 카이스트에 온 지 이제 7개월 밖에 안 되어 6백여 분의 교수님 중에 아직 절반도 모르고, 학교 전반적 상황파악이 안 된 카이스트의 왕초보입니다."

깜짝 놀라는 내게 총장님은 담담히 말씀하셨다.

"제가 6백여 분의 교수님들을 놓고 2주 동안 고심을 했습니다. '과연 이 일을 함에 있어 누가 최적합자인가?' 그런데 선발 조건에 교수로 부임한 지 몇 년 됐다, 전공이 뭐다, 학력이 어떻다 등은 문제가 되지 않습니다. '카이스트를 위해 누가 대외부총장으로서 탁월한 성과를 내며 가장 일을 잘 할 수 있을까?' 그게 중요합니다. 주 교수님은 공직생활을 33년이나 하셨고, 청와대 경호차장까지 하시면서 실제적인 기관장 역할을 하셨기에 대외업무 면이나 전문성 면에서 또한 국가와 카이스트를 위한 헌신, 충성도 면에서 가장 최고의 적격자입니다."

총장님은 지연이나 학연, 학력이나 경력을 따지는 것보다 '그 일을 함에 있어서 누가 가장 잘할 수 있는 적임자인가?'를 따지는 미국식의 실용주의적 사고방식을 갖고 계셨다.

그러나 그 말씀을 듣는 순간, 나는 얼른 대답할 말을 찾을 수가 없었다. 이미 나는 카이스트 교수로서의 길 외에 다른 진로들을 모색하며 기도하고 있었기 때문이었다.

"총장님, 대외부총장이라면 카이스트를 위해 정부부처, 국회나 언론 등의 대외 협력 일을 하는 자리이지 않습니까? 그렇다면 제가 굳이 대외부총장이 아니어도 카이스트 교수 신분으로 얼마든지 카이스트를 위해 뛰어다닐 수 있습니다. 그렇게 하도록 하겠습니다."

"그래도 주 교수님, 한 번 깊이 생각해 보세요."

생각지도 못했던 부총장직 제의였기에 나는 선뜻 받아들일 수가 없었다. 무엇보다 내가 정말 그 자리에 최적임자인지도 돌아봐야 했다.

며칠 후, 총장님과 두 번째 만남이 이어졌다. 총장님은 그날 "주 교수님이 카이스트 내 어느 직위에서 어떤 일을 하는 게 카이스트와 국가를 위해 적합한 일인지 깊게 생각해 보라!"면서 내게 다시 부총장을 권유하셨다.

"교수 사회에서 보직을 맡아 일하는 것과 그렇지 않은 것은 많은 차이가 있습니다. 평교수로서 카이스트를 위해 대외업무를 하는 데는 한계가 있다는 겁니다. 주 교수님이야말로 대외부총장으로 가장 적임자입니다. 카이스트를 위해 도와주시기 바랍니다."

총장님의 이 말씀이 그날따라 왜 하나님의 명령처럼 들렸을까. 나는 마침 교수 외에 다른 길을 혼자 머릿속으로 계획하며 구상하던 때라 총장님 말씀이 하나님의 어떤 사인(sign)처럼 느껴졌다.

"지금은 네가 계획했던 일을 할 때가 아니다. 때가 되면 내가 그 일을 도모하겠다. 지금은 이 일을 맡아 해라."

하나님께서 마치 이렇게 말씀하시는 것만 같았다. 문득, 수십 년 전에 박사 학위를 따기 위해 미국으로 유학 갈 준비를 다 마쳤을 때, 하나님께서 그 길을 막으시고 청와대로 향하게 하신 일이 떠올랐다. 하나님께선 이번에도 나의 계획을 막으시고 카이스트 부총장직을 맡아 카이스트와 국가를 위해 충성을 다하라고 명하고 계셨다.

"알겠습니다. 총장님, 제가 부족하지만 최선을 다해 카이스트를 위해 뛰겠습니다."

그 대답으로 나는 교수로 부임한 지 7개월 만에 카이스트 대외부총 장직을 맡아 섬기게 되었다.

나같이 부족한 사람에게 하나님께서 그런 일을 맡기실 때는 하실 일이 있다는 뜻이었다. 그 일을 통해 하나님께서 영광 받으시려는 일이 예비 되어 있다는 뜻이었다.

연이어 생기는 기적 같은 일들의 일상 속에서 나는 '하나님께서 뜻하신 일들을 이루소서'라는 심정으로 날마다 하나님을 바라보고 또 바라보며 기도드렸다. 나의 부족함을 알았고, 하나님의 위대하심을 알기에 나는 두렵고 떨리면서도 날마다 기도하며 카이스트 부총장직을 수행해 나가기 시작했다.

주의 말씀이 내 길의 빛이니이다

카이스트 대외부총장직을 맡고 난 이후, 카이스트에선 어느 해보다 많은 일들이 있었다. 그 덕분에 나의 하루 이동거리는 상상 이상으로 길었다. 자동차로 움직이고, KTX로도 움직이며 바쁜 하루하루를 보냈다. 식사를 거를 때도 있었고, 밤을 꼬박 세울 때도 부지기수여서 차 안에서 쪽잠으로 하루 피로를 풀어야 하는 날도 많았다.

그러나 내가 아무리 보람과 긍지를 갖고 열심을 다해 달음박질을 한다 한들, 그것만으로 부총장직을 잘 감당할 수는 없었다. 내가 아무리 사람을 잘 만나서 설득을 잘해도 그 사람의 마음을 움직이는 것은 내 능력 밖의 일이기 때문이었다. 사람의 마음을 바꾸시고, 모든 환경과 여건까지 변화시키는 분은 하나님이셨다. 내게 주어진 사명이 있다 할지라도 그 사명을 매듭짓게 하시는 분은 하나님이심을 나는 거듭 발견하곤 했다.

> 그런즉 원하는 자로 말미암음도 아니요 달음박질하는 자로 말미암음도 아니요 오직 긍휼히 여기시는 하나님으로 말미암음이니라(롬 9:16).

내가 간절히 원한다고 해서, 혹은 내가 열심히 달려간다고 해서 일이 이루어지는 것은 아니었다. 간절히 원하는 것도 필요하고, 최선을 다해 달음박질하는 것도 필요하지만, 그것 위에 우리를 긍휼히 여기시는 하나님의 도움이 있을 때 모든 개혁과 변화가 가능했다. 그래서 시편 기자는 늘 도움의 원천이신 하나님을 바라보며 노래했던 것이리라,

> 내가 산을 향하여 눈을 들리라 나의 도움이 어디서 올까 나의 도움은 천지를 지으신 여호와에게서로다(시 121:1-2).

카이스트 부총장직을 맡아 대외업무를 하면 할수록 나는 '답은 하나님께 있다'는 사실 앞에 직면하게 되었다.

이 사실과 맞닥뜨리자 내게 카이스트의 중요 보직을 주신 하나님의 뜻을 보다 정확히 헤아릴 수 있었다.

'청와대에 근무했을 때처럼, 하나님은 카이스트를 위해 기도의 파수꾼이 되기를 원하시는구나.'

청와대를 추억하는 지금의 내 마음이 이토록 좋고 시원한 것은 그곳이 바로 기도의 터였기 때문이었다. 청와대 뒷산에서부터 앞뜰까지 구석구석을 다니며 조국과 대통령을 위해, 한 사람 한 사람의 공직자를 위해 눈물의 기도를 뿌린 곳이 청와대였다. 결국 나에게 남는 것은 청와대에서 누린 권력의 맛이 아니라 청와대에서 기도하며 하나님을 만났던 일. 그것이 전부였다.

이 깨달음이 찾아왔던 때가 작년 4월이었다. 그때부터 나는 주일예배를 드린 후에 집으로 돌아가 편히 잠을 잘 수가 없었다. 밤늦은 시간이라도 대전 카이스트 본교에 내려와 교수아파트에서 잠을 자며 기도의 불을 밝혔다. 학생기숙사를 바라보며 기도하고, 총장님과 교수, 직원들을 위해 기도했다. 이곳 카이스트에서 진정한 교육개혁이 일어나고 건강하고 세상을 변화시킬 인재들이 배출되길 소망하며 기도드렸다.

그렇게 기도로 1주일을 시작한 후에 삶의 지표가 되는 하나님 말씀을 대했다. 말씀을 펴면 그곳에 하나님이 계셨다. 아니, 말씀이 곧 하나님이셨기에 말씀을 대면하는 순간, 나는 하나님을 대면할 수 있었다. 그리고 그 하나님은 내게 온갖 지혜와 지식을 넘치도록 부어 주셨다.

고백하건대, 그렇게 하나님의 말씀으로부터 오는 지혜와 지식이 없었다면 나는 카이스트에서 아무 일도 할 수 없었을 것이다. 말씀이 내게 들어와 지혜가 되고, 세상이 줄 수 없는 지식이 되었기에 나는 폭풍우

같은 하루하루의 일정들 속에서도 대처할 지혜를 얻고 나아갈 길을 찾을 수 있었다. 말씀이 내 안에 들어오면 내 무지한 생각이 바뀌고, 나의 통찰력을 뛰어넘는 하나님의 지혜가 나를 지배하는 걸 느낄 수 있었던 것이다.

'아, 말씀이 지혜고 지식이구나. 내가 살아갈 모든 능력의 근원이 이 말씀에 있었구나.'

내가 할 수 없는 막다른 상황에 처할 때, 하나님 말씀을 묵상하면 생각지도 못했던 지혜가 나왔다. 사면초가처럼 완전히 막힌 상황에서 하나님 말씀을 떠올리면 위로 날아오르면 되겠다는 생각이 찾아왔다. 그러면 그 바뀐 생각대로 내 삶이 움직이는 걸 생생히 체험할 수 있었다.

카이스트에서도 기도와 말씀은 그렇게 내 걸음을 이끄는 등불이요 빛이 되어 주었다. 하나님께서 비춰주시는 등대로 인해 내 인생은 어두운 밤길에서도 길을 잃지 않고 순항의 항해를 계속할 수 있었다.

너희 중에 누구든지 지혜가 부족하거든 모든 사람에게 후히 주시고 꾸짖지 아니하시는 하나님께 구하라 그리하면 주시리라(약 1:5).

영혼 구원의 파수꾼으로

청와대에 있을 때뿐 아니라 카이스트에서도 하나님께서 내게 주시는 한결같은 사명 중 하나는 '영혼 구원'이었다. 땅 끝까지 복음을 전해서 한 영혼이라도 더 천국을 누리게 하시려는 하나님의 마음은 모든 그리스도인들이 품어야 할 사명이다.

실제로, 어느 곳에서든 복음을 전해보면 복음이 들어가는 곳마다 갈등 대신 화해가, 분열 대신 평화가 피어나는 걸 목격할 수 있었다. 우리가 전하는 천국복음은 죽은 후에 천국에 들어가게 할 뿐 아니라, 살아생전에도 이 땅에서 천국을 누리게 하는 복음이었다.

청와대 기독신우회 시절에도 이 사실을 종종 확인할 수 있었다. 한번은 부하 직원 중 하나가 자꾸만 몸이 말라가고 판단력도 흐려져 업무에도 차질이 생기는 게 눈에 들어온 적이 있었다. 누가 뭐라고 하면 날카롭게 반응하다보니 주변 사람들도 모두 그를 기피하곤 했다. 승진 대상에서도 제외됨은 물론, 곧 권고사직을 당할 처지에 놓이고 말았다.

그를 불러 살펴보니 불면증과 우울증에 시달리고 있음을 알 수 있었다. 영적인 혼탁함 속에서 길을 잃었지만, 정작 그 자신은 길을 잃었다는 사실조차 알지 못하고 있었다. 자신에겐 아무 문제가 없다고 말했지만, 그는 날마다 말라갔고 직장에서의 모습도 하루가 다르게 아슬아슬해 보였다.

그런 이에게는 특별한 보살핌이 필요했다. 어느 날 나는 그 부하의 가족에게 문제의 심각성을 알려주며 협조를 당부한 뒤에 그를 데리고 무작정 주일예배 장소로 향했다. 그리고는 맨 앞자리에 앉혀놓은 채 함께 예배를 드렸다. "일단 한번 가서 보자"는 니고데모 식 전도를 자주했던 나는 부하직원 부부와 어린 자녀들을 데리고 예배부터 참석하도록 했다.

예배 후의 그는 얼이 빠진 듯한 모습이었다. 그러나 걱정되지 않았다. 그는 이미 직장생활에서도 정신을 놓은 듯한 모습일 때가 많았기 때문이었다. 이제 예배를 드리며 주님을 알아가고 성령에 사로잡히면 마음과 생각이 온전해 질것이라는 믿음이 생겼다.

그러나 그에게 믿음이 들어가기까지는 시간이 필요했다. 단 한 번 교회에 데리고 간 것으로 구원 사역을 다 감당했노라 말할 수가 없었다. 매주 그와 함께 주일 오전 예배에 참석하기로 약속했다.

그러다보니 주일에는 더 바쁜 시간을 보내야 했다. 새벽 4시 30분에 일어나 목욕재계한 후 교회 도착하면 남선교회 봉사부서끼리 먼저 기도회를 가졌고, 아침 7시에 1부 예배부터 성전에 투입되어 봉사를 시작했다. 그렇게 나는 내가 맡은 외국인 안내봉사를 하면서 부하직원 가족을 안내하며 함께 예배를 드리곤 했다.

그러기를 얼마나 했을까. 어느 날부터인가 이 친구의 눈빛이 총명해지고 살도 점점 오르는 걸 느낄 수 있었다. 함께 청와대에서 근무하는 동료들도 그를 한결 편안하게 대하고 있었다.

나는 이 친구에게 더 힘을 불어넣어주고 싶은 마음에 매주 청와대 기독신우회 성경공부를 지도하는 박진철 목사님을 붙잡고 그를 위한 기도를 부탁드렸다.

"목사님, 이 친구가 이제 승진도 해야 되는데, 직장생활 잘할 수 있도록 기도 좀 부탁드립니다."

부탁을 받은 목사님께선 즉시 그를 붙잡고 뜨겁게 기도하기 시작하셨다. 그러더니 내게 뜻하지 않은 말씀을 하시는 것이었다.

"장로님, 이번에 이 분이 승진하시겠는데요? 하나님께서 그렇게 인도하실 겁니다."

나는 그저 기도를 부탁드린 것뿐이었는데 목사님께선 기도 중에 알게 된 확신까지 우리에게 말씀해 주셨다. 그 친구는 사무관 고참으로 서기관 승진 기회가 마지막이었다. 그래서 목사님 말씀을 듣고 좋아하긴 했지만, 과연 그렇게 될 수 있을까, 하는 반신반의한 표정을 감추지 못했다.

직속상관인 나 역시 그가 승진하기란 거의 불가능하다고 판단했기에 그때부터는 걱정이 되지 않을 수 없었다. 목사님이 말씀하신 대로 승진이 되면 좋겠지만, 만약 그렇지 않은 경우에 그가 실족하면 어쩌랴 싶었던 것이다. 그때부터 그를 위해 내 기도가 더 간절해질 수밖에 없었다.

그런데 며칠 후 놀라운 일이 생겼다. 인사발표를 보니, 그가 승진 명단에 버젓이 올라가 있는 게 아닌가! 승진은커녕 권고사직을 당할 수도 있었던 그에게 하나님께서 베푸신 은혜요 선물이었다.

복음을 알게 된 뒤 그에겐 정말 많은 변화가 찾아왔다. 얼굴이 밝아지고, 눈빛이 총명해졌으며, 대꼬챙이처럼 야위었던 몸에 살까지 붙었다. 무엇보다 날카롭고 까다로웠던 그의 인간관계가 부드럽고 유연한 관계로 변화되어 있었다. 그는 복음을 알게 된 뒤 천국을 누리고 있었던 것이다. 그 이후 그는 부이사관으로 승진하여 현재까지도 청와대경호처에서 잘 근무하고 있다.

이 복음의 비밀을 알기에 나는 카이스트에 간 뒤에도 고통 중에 있는 사람들에게 예수 그리스도를 소개하지 않을 수가 없었다. 하나님께서 내게 부총장 역할만 잘하라고 나를 이곳까지 부르신 게 아님을 알기 때문이었다.

복음을 전하면서 놀라운 점을 발견했다. 카이스트든 어디든 복음을 전하는 현장에는 청와대 신우회 때의 일들과 비슷한 기적들이 벌어진다는 것이었다. 복음을 전하고, 그 복음으로 사람이 변화하는 일들이 가는 곳마다 심심치 않게 나타났다. 그중의 한 사건이 내가 대전지역에서 복음을 전하면서 만난 중견기업의 한 임원 이야기이다.

나는 지금까지 공직생활을 해 오면서 그분처럼 철두철미하게 일을 잘하는 사람을 본 적이 없었다. 자기가 맡은 업무의 전문성도 탁월하고 조직과 사람을 관리하고 장악하는 능력도 뛰어나 혀를 내두를 정도였다.

오죽 했으면 내가 청와대나 카이스트의 간부들을 만날 때마다 그의 뛰어난 업무 능력을 자랑할 정도였을까.

그런데 그런 그에게도 남모를 고통이 자리 잡고 있었다. 아무에게도 말하지 못했던 그 고통은 가정사였다. 그의 아내는 이미 수년 동안 정서적 공황 상태에 놓여 있었다. 그러다가 최근에는 그 아내가 한 박수마당과 손을 잡고 내림굿을 받는다며 야단법석을 떨었다. 그런 일이 닥치자 그도 안절부절 어쩔 줄을 몰라 했다.

이 사실을 알게 된 나는 그에게 "예수 그리스도를 아느냐?"고 물어봤다. 교회를 단 한 번도 다녀본 적이 없는 그는 "그게 이 일과 무슨 상관이 있냐?"는 듯한 눈빛을 보내왔다. 나는 그에게 예수 그리스도를 믿고 그분을 만나야 모든 막힌 담이 허물어져서 이 문제를 해결할 수 있다고 말해줬다.

> 그는 우리의 화평이신지라 둘로 하나를 만드사 원수 된 것 곧 중간에 막힌 담을 자기 육체로 허시고(엡 2:14).

하나님과 우리 사이, 우리와 다른 사람의 사이를 하나로 만드시는 분은 오직 예수 그리스도밖에 없다. 그 둘 사이에 놓인 원수 마귀를 예수 그리스도의 십자가가 진멸했기 때문이다. 그래서 복음은 우리와 하나님 사이를 화평케 하고, 우리와 친구 사이를 하나가 되도록 만드는 것이다.

이 복음을 자세히 전해주고 싶어서 나는 그분에게 나의 오랜 믿음의 동역자인 이성희 변호사가 쓴 『당신의 심장을 되살리는 하나님의 법』(마음과생각, 2011)이란 책을 선물했다.

"이 책을 읽어보면 당신이 이 문제를 어떻게 해결해야 하는지 답을 찾을 수 있을 겁니다. 예수 그리스도를 만날 수 있을 거예요."

그가 겪는 문제가 워낙 절박했기 때문이었을까. 그는 이 책을 읽고, 또 나의 권면을 받으며 교회에 나가기 시작했다. 예수님을 찾았고, 기도하기 시작했으며, 하나님 말씀을 자신의 삶에 적용하기 시작했다.

"당신이 하나님을 믿고 바로 서기 시작하면 가정의 문제는 해결되기 시작할 겁니다. 머지않아 당신 가정은 천국이 될 겁니다."

나의 권면대로, 그는 예수 그리스도를 믿고 바라보기 시작하면서 평안을 찾아갔다. 예수 그리스도를 영접한 다음 날부터 단 하루도 빠지지 않고 새벽기도로 하루를 시작했으며 어떤 문제가 발생할 때마다 먼저 기도로 하나님의 뜻을 찾아 해결하곤 했다. 그러자 어두운 그림자에 드리워졌던 그의 얼굴빛이 만날 때마다 환하게 밝아져 갔다.

어느 날은 나에게 아내가 보낸 문자를 슬그머니 보여주며 그 가정에 붙었던 영적인 어려움과 부부간의 갈등이 해결되어지고 있음을 알려줬다. 그리고 작년 말, 내게 이런 내용의 카드를 보내왔다.

존경하는 주대준 장로 부총장님께,

먼저 지난번 성경책을 주셔서 다시 한 번 진심으로 감사드립니다. 하나님을 우리 가정의 주인으로 모시고 앞으로 더 믿음이 깊어질 수 있도록 노력하겠습니다.

여러 가지로 부족한 저에게 부총장님이 주님을 만나게 해 주셨고(부총장님께서 주님을 의지하며, 신앙생활을 하는 것을 멀리서 바라보고 늘 존경스럽게 생각했습니다), 내가 예수 그리스도를 만날 수 있도록 한결 같이 성원해 주시고 사랑을 베풀어 주셔서 진심으로 감사드립니다.

지나온 한 해를 돌이켜 보면 가정적으로 제게 어려운 시기가 많았지만 주님을 영접하고 신앙생활을 시작할 수 있었던 것이 얼마나 큰 선물이고 축복인지를 이제야 느낄 수 있습니다. 이 모두가 주님의 은혜라고 생각합니다. 지금까지 제게 주어진 시련과 시험 또한 주님께서 저를 크게 쓰시기 위하여 은혜를 주고 있다고 믿습니다. 늦게 주님을 만났지만 태산과 같이 흔들리지 않은 큰 믿음으로 온전히 주님을 섬기며 우리 가정을 믿음의 명문 가정으로 회복시키도록 하겠습니다.

새해 복 많이 받으십시오.

주님을 사랑하고 찬양합니다. 할렐루야

이 카드를 받고 얼마나 감격했던지, 하나님께서 나를 복음의 전령사로 사용하셨다는 사실이 너무나 기쁘고 감사했다. 한 사람을 회복시키는 일은 '오직 복음으로'가능하다는 진리 앞에서 다시 한 번 전율이 일었다.

'그 복음을 내가 알고 있고, 그 예수 그리스도를 내가 바라보며 살고 있다. 그러니 나는 얼마나 축복받은 사람인가!'

서울로 올라오던 길에, 나는 그가 보낸 카드를 읽으며 문득 깨닫게 된 하나님의 축복어린 삶에 대해서도 한없이 감사의 고백을 쏟았다.

주님과 동행하는 기적의 사나이

카이스트 교수로 부임한 지 이제 2년이 지났다. 그 사이에 카이스트 개교 40년 만에 사이버보안연구센터를 설립하여 신기술을 개발하고, 정보보호대학원을 신설하여 정보보호 석·박사과정 학생을 양성하고 있다. 지난해에 이어 금년 초에 'KAIST S+ 컨버전스 최고경영자 과정'은 1, 2, 3기까지 원우들을 배출하면서 월드 베스트 오브 베스트의 최고경영자과정(AMP)으로 각광을 받으며 국내 정상급 AMP로 자리매김을 하게 되었다.

나를 아는 사람들은, 가장 바쁜 대외부총장 업무를 수행하면서도 폭풍처럼 이런 일들을 진행시키는 걸 보며, 나를 '기적의 사나이'라 부르기도 했다. 청와대에서부터 카이스트까지 연속적으로 기적과 같은 일들이 행해지는 것들을 보며, 마치 나를 기적을 창출하는 '기적 발전소' 소장으로 경이롭게 바라보는 이도 있다.

그러나 정작 나는 이 모든 일들을 하나님께서 하셨다고 고백할 수밖에 없다. 내가 겸손해서가 아니라 그게 100퍼센트 사실이기 때문이다. 뭐랄까, 나는 카이스트에 온 이후로 하나님께서 모든 걸 예비하셨다는 사실을 날마다 실감하며 살고 있다. 내 입에선 늘 '아! 주님, 이때를 위함이었군요'라는 고백이 터져 나왔다. 내가 맡은 업무수행을 위해 청와대와 국회, 정부부처를 드나들면서 내가 느끼는 것은 한 치의 오차도 없이 내 인생을 직접 경영하시는 분은 하나님이시라는 사실이다. 그 하나님을 발견하고 체험할 때마다 나는 혼자 짜릿한 전율에 젖기도 했다. 때와 시기를 조절하시고, 사람을 붙이시며, 일을 추진하시는 하나님의 완벽하심으로 인해 나는 복음의 증인으로 사는 영광을 누릴 수 있다.

그렇다고 해서 카이스트에서 지난 2년 동안 고난이나 문제가 없었던 건 아니었다. 어찌 보면 그 어느 때보다 어려운 시간들이었다고 해도 과언이 아닐 만큼, 날마다 사건과 사고가 끊이지 않았다. 나를 향한 핍박도 많았고, 자리를 뒤흔드는 모함도 많았다.

그러나 하나님을 바라보며 달려왔던 내 인생을 돌아볼 때, 내 인생의 가장 큰 위기는 오히려 '위기가 전혀 없었던 시기'였다. 아무 문제도 없고, 아무 사건도 없고, 그저 잠자는 호수처럼 편안하던 그런 때가 내게는 가장 큰 위기의 시절이었다.

3사관학교에 들어가기 전에 친구와 함께 고시공부를 한다고 머리를 빡빡 밀고 절에 들어갔을 때가 그런 위기의 때였다. 그때 나는 절에 들어가 공부하면서 스님들까지 전도하겠다며 호언장담을 했었다. 새벽에 일어나면 폭포수 앞에 가서 새벽기도하고, 불상 앞에 가서 성경책을 펴 읽겠노라고 다짐했었다. 다분히 젊은 날의 호기가 작용했던 시절이었다.

그러나 절에 들어간 지 하루 이틀이 지나고, 한 달 두 달이 지나면서 나의 신앙 열정은 점점 사그라져 갔다. 공부도 집중이 안 되고, 하나님을 바라보는 믿음도 점점 무색무취의 상태가 되어갔다.

왜 그랬던 것일까. 그것은 아무도 나를 힘들게 하거나 핍박하지 않았기 때문이었다. 내가 별짓을 다해도 스님들은 내게 반응하지 않았다. 절에 있는 과일나무의 과실을 따먹고, 몰래 고기를 사다가 냄새를 풍기며 먹어도 내게 뭐라 하는 이가 아무도 없었다. 만약 누가 나를 핍박이라도 했더라면 요한복음을 말하고, 사도행전을 말하며 복음을 전했을 것이다. 또한 예수 믿는 사람이 왜 그따위로 사냐고 시비라도 걸었더라면 예수님께서 말씀하신 팔복을 묵상하며 나를 더 정금처럼 단련할 수 있었을 텐데, 불행하게도 그때는 아무도 나를 건드려주는 이가 없었다. 그런 편안함이 결국 나를 소리 없는 미궁 속으로, 나태와 무기력함의 터널 속으로 들어가게 했다.

내게 찾아왔던 두 번째 위기상황은 미국 유학을 마치고 돌아와 승승장구할 때였다. 육군 전산처장의 보좌관을 하면서 천여 명 가까운 전산장교들의 인사관리와 교육까지 관장하는 일을 잘해내자, 내게는 시비나 핍박 대신 칭찬과 영광만 돌아왔다. 그러다보니 나는 점점 세상 두려울 게 없어졌고, 결국 하나님 바라보기를 놓치며 세상이라는 미궁 속으로 빨려 들어갔다.

이 두 번의 경험을 돌아보며, 카이스트에서의 지난 2년 동안 시간들이 결코 위기의 시간들이 아니었음을 깨닫게 되었다. 지난 2년 동안이야말로 이 지면에서 다 밝히지 못하는 수많은 영적 싸움과 핍박이 있었던 까닭이다. 이 싸움으로 인해 평안을 얻기도 하였고, 이 핍박으로 인해 영광도 있었다. 그리스도인의 삶에는 이처럼 고난과 영광이 공존하기 마련이다. 그 고난의 흔적이야말로 장차 받을 영광의 신호임을 확신하게 되는 것이다.

이 사실을 믿기에 나는 이미 이룬 성과에 안주할 수 없고, 철옹성처럼 보이는 문제 앞에서도 무력해지지 않는다. 나는 그저 지금까지 해 왔던 대로, 하나님을 믿고 바라보며 나아가면 되는 것이다. 그러면 하나님께서 때로는 고난의 자리에도 서게 하시고, 그 고난 속에서 영광의 면류관을 만드시며, 결국은 우리를 해피엔딩의 삶으로 이끄실 것이다.

그래서 나는 하나님을 바라보는 삶이야말로 언제나 행복이라고 말하고 싶다. 하나님을 바라보면 그분은 고난 중에 기적을 창출하시고, 영광 중에도 우리를 겸손케 하시기 때문이다.

그 하나님께서 오늘도 나와 함께하신다. 나의 등 뒤에서, 나의 앞에서, 나의 좌우에서 나를 보시며 기뻐하신다. 그리고 말씀하신다.

(아 2:10).

나는 오늘도 이 말씀을 새기며 행복하게 일어나 그분과 함께 길을 나선다. 그 길이 어디로 향할지는 아직 모른다. 다만 내가 아는 것은 그분을 바라보며 함께 걷는 이 길의 끝에는 모든 평안과 기쁨과 기적의 선물이 준비되어 있다는 사실이다.

그래서 나는 두려움 없이 길을 나설 수 있다. 그 길이 주님과 함께 가는 길이기 때문이다. 주님과 함께라면 내가 가는 그 어떤 길도 하늘나라로 이어질 것임을 믿는 까닭이다.

주와 같이 길 가는 것 즐거운 일 아닌가
우리 주님 걸어가신 발자취를 밟겠네
한 걸음 한 걸음 주예수와 함께
날마다 날마다 우리는 걷겠네

(찬송가 456장)

W2

나의 사랑, 나의 어여쁜 자여,
일어나서 함께 가자

(아 2:10)